C.

ASCANIO.

PARIS. IMPRIMÉ PAR BÉTHUNE ET PLON,
RUE DE VAUGIRARD, 36.

ASCANIO,

PAR

ALEXANDRE DUMAS.

I.

PARIS.

PÉTION, ÉDITEUR COMMISSIONNAIRE,
11, RUE DU JARDINET.

M DCCC XLIV.

ASCANIO.

CHAPITRE PREMIER.

LA RUE ET L'ATELIER.

C'était le 10 juillet de l'an de grâce 1540, à quatre heures de relevée, à Paris, dans l'enceinte de l'Université, à l'entrée de l'église des Grands-Augustins, près du bénitier, auprès de la porte.

Un grand et beau jeune homme au teint brun, aux longs cheveux et aux grands yeux noirs, vêtu avec une simplicité pleine d'élégance et portant pour toute arme un petit poignard au manche merveilleusement ciselé, était là debout, et, par pieuse humilité sans doute, n'avait pas bougé de cette place pendant tout le temps qu'avaient duré les vêpres; le front courbé et dans l'attitude d'une dévote contemplation, il murmurait tout bas je ne sais quelles paroles, ses prières assurément, car il parlait si bas qu'il n'y avait que lui et Dieu qui pouvaient savoir ce qu'il disait; mais cependant, comme l'office tirait à sa fin, il releva la tête, et ses plus proches voisins purent entendre ces mots prononcés à demi-voix:

— Que ces moines français psalmodient donc abominablement! ne pourraient-ils mieux chanter devant Elle, qui doit être habituée à entendre chanter les anges? Ah! ce n'est point malheureux, voici les vêpres achevées. Mon Dieu! mon Dieu! faites qu'aujourd'hui je sois plus heureux que dimanche dernier, et qu'elle lève au moins les yeux sur moi!

Cette dernière prière n'est véritablement point maladroite. Car si celle à qui elle est adressée lève les yeux sur celui qui la lui adresse, elle apercevra la plus adorable tête d'adolescent qu'elle ait jamais rêvée en lisant ces belles fables mythologiques, si fort à la mode à cette époque, grâce aux belles poésies de maître Clément Marot, et dans lesquelles sont racontés les amours de Psyché et la mort de Narcisse. En effet, et comme nous l'avons dit, sous son costume simple et de couleur sombre, le jeune homme que nous venons de mettre en scène est d'une beauté remarquable et d'une élégance suprême : il a en outre dans le sourire une douceur et une grâce infinies, et son regard, qui n'ose pas encore être hardi, est du moins le plus passionné que puissent lancer deux grands yeux de dix-huit ans.

Cependant au bruit des chaises qui annoncent la fin de l'office, notre amoureux (car, aux quelques paroles qu'il a prononcées, le lecteur a pu reconnaître qu'il avait droit à ce titre), notre amoureux, dis-je, se retira un peu à l'écart et regarda passer la foule qui s'écoulait en silence et qui se composait de graves marguilliers, de respectables matrones devenues discrètes et de fillettes avenantes. Mais ce n'était pas pour tout cela que le beau jeune homme était venu, car son regard ne s'anima, car il ne s'avança avec empressement que lorsqu'il vit s'approcher une jeune fille vêtue de blanc qu'accompagnait une duègne, mais une duègne de bonne maison, et qui paraissait savoir son monde, une duègne assez jeune, assez réjouie, et d'aspect peu barbare, ma foi. Quand ces deux dames s'approchèrent du bénitier, notre jeune homme prit de l'eau bénite et leur en présenta galamment.

La duègne fit le plus gracieux des sourires, la plus reconnaissante des révérences, toucha les doigts du jeune homme, et, à son grand désappointement, offrit elle-même à sa compagne cette eau bénite de seconde main ; laquelle compagne, malgré la fervente prière dont elle avait été l'objet quelques minutes auparavant, tint constamment ses yeux baissés, preuve qu'elle savait que le beau jeune homme était là, si bien que lorsqu'elle se fut éloignée, le beau jeune homme frappa du pied en murmurant : « Allons, elle ne m'a pas encore vu cette fois-ci. » Preuve que le beau jeune homme, ainsi que nous croyons l'avoir dit, n'avait guère plus de dix-huit ans.

Mais le premier moment de dépit passé, notre inconnu se hâta de descendre les marches de l'église, et, voyant qu'après avoir abaissé son voile et donné le bras à sa suivante, la jolie distraite avait pris à droite, il se hâta de prendre à droite, en remarquant d'ailleurs que c'était précisément son chemin. La jeune fille suivit le quai jusqu'au pont Saint-Michel et prit le pont Saint-Michel : c'était encore le chemin de notre inconnu. Elle traversa ensuite la rue de la Barillerie et le Pont-au-Change : or, comme c'était toujours le chemin de notre inconnu, notre inconnu la suivit comme son ombre.

L'ombre de toute jolie fille, c'est un amoureux.

Mais, hélas! à la hauteur du Grand-Châtelet, ce bel astre dont notre inconnu s'était fait le satellite s'éclipsa subitement : le guichet de la prison royale s'ouvrit comme de lui-même aussitôt que la duègne y eut frappé et se referma aussitôt.

Le jeune homme demeura interdit un instant; mais, comme c'était un garçon fort décidé quand il n'y avait plus là une jolie fille pour lui ôter sa résolution, il eut bientôt pris son parti.

Un sergent d'armes, la pique sur l'épaule, se promenait gravement devant la porte du Châtelet. Notre jeune inconnu fit comme cette digne sentinelle, et après s'être éloigné à quelque distance pour ne pas être remarqué, mais non pas assez loin pour perdre la porte de vue, il commença héroïquement sa faction amoureuse.

Si le lecteur a monté une faction quelconque dans sa vie, il a dû remarquer qu'un des moyens les plus sûrs d'abréger cet exercice, est de se parler à soi-même. Or, sans doute notre jeune homme était habitué aux factions, car à peine avait-il commencé la sienne qu'il s'adressa le monologue suivant :

— Ce n'est point là assurément qu'elle demeure. Ce matin après la messe et ces deux derniers dimanches, je n'ai osé la suivre que des yeux. — Niais que j'étais! — Elle ne prenait pas le quai à droite, mais à gauche et du côté de la porte de Nesle et du Pré-aux-Clercs. Que diable vient-elle faire au Châtelet? — Voyons. — Visiter un prisonnier, peut-être son frère. — Pauvre jeune fille! Elle doit bien souffrir alors, car sans doute elle est aussi bonne qu'elle est belle. Pardieu, j'ai grande envie de l'aborder, moi, et de lui demander franchement ce qui en est, et de lui offrir mes services. — Si c'est son frère, je confie la chose au patron et je lui demande conseil. Quand on s'est évadé du château de Saint-Ange, comme lui, on sait de quelle manière on sort de prison. C'est donc dit, je sauve le frère.

Après un pareil service à lui rendu, le frère devient mon ami à la vie à la mort. —Il me demande à son tour ce qu'il peut faire pour moi qui ai tant fait pour lui. —Je lui avoue que j'aime sa sœur. Il me présente à elle, je tombe à ses genoux, et nous verrons bien alors si elle ne lève pas les yeux.

Une fois lancé sur une pareille voie, on comprend combien l'esprit d'un amoureux fait de chemin sans s'arrêter ; aussi notre jeune homme fut-il étonné d'entendre sonner quatre heures et de voir relever la sentinelle.

Le nouveau sergent commença sa faction et le jeune homme reprit la sienne. Le moyen lui avait trop bien réussi pour ne pas continuer d'en faire usage, aussi reprit-il sur un texte non moins fécond que le premier :

— Qu'elle est belle! quelle grâce dans ses gestes! quelle pudeur dans ses mouvements! quelle pureté dans ses lignes! Il n'y a dans le monde entier que le grand Léonard de Vinci ou le divin Raphaël qui eussent été dignes de reproduire l'image de cette blanche et chaste créature; encore eût-il fallu que ce fût au plus beau de leur talent. Oh! que ne suis-je peintre, mon Dieu! au lieu d'être ciseleur, statuaire, émailleur, orfèvre! Si j'étais peintre, d'abord je n'aurais pas besoin de l'avoir devant les yeux pour faire son portrait : je verrais sans cesse ses grands yeux bleus, ses beaux cheveux blonds, son teint si blanc, sa taille si fine. Si j'étais peintre, je la mettrais dans tous mes tableaux, comme faisait Sanzio pour la Fornarine, et André del Sarto pour la Lucrèce. Et quelle différence entre elle et la Lucrèce et la Fornarine ! c'est-à-dire que ni l'une ni l'autre ne sont dignes de dénouer les cordons de ses souliers. D'abord, la Fornarine...

Le jeune homme n'était pas au bout de ses comparaisons, toutes à l'avantage, comme on le comprend bien, de sa maîtresse, lorsque l'heure sonna.

On releva la seconde sentinelle.

— Six heures. C'est étrange comme le temps passe vite ! murmura le jeune homme, et s'il passe ainsi à l'attendre, comment doit-il donc passer près d'elle? Oh! près d'elle, il n'y a plus de temps, c'est le paradis. Si j'étais près d'elle, je la regarderais, et les heures, les jours, les mois, la vie passeraient ainsi! Quelle heureuse vie serait celle-là, mon Dieu! Et le jeune homme resta en extase, car, devant ses yeux d'artiste, sa maîtresse, quoique absente, passa en réalité.

On releva la troisième sentinelle.

Huit heures sonnaient à toutes les paroisses, et l'ombre commençait à descendre, car tout nous autorise à penser qu'il y a trois cents ans la brune se faisait en juillet vers huit heures, absolument comme de nos jours; mais ce qui étonnera davantage peut-être, c'est la fabuleuse persévérance des amants du seizième siècle. Tout était puissant alors, et les âmes jeunes et vigoureuses ne s'arrêtaient pas plus à moitié chemin en amour qu'en art et en guerre.

Du reste, la patience du jeune artiste, car maintenant nous connaissons sa profession, fut enfin récompensée quand il vit la porte du Châtelet se rouvrir pour la vingtième fois, mais cette fois pour donner passage à celle qu'il attendait. La même matrone était toujours à ses côtés, et, de plus, deux hoquetons aux armes de la prévôté l'escortaient à dix pas.

On reprit le chemin qu'on avait fait quatre heures auparavant, à savoir le Pont-au-Change, la rue de la Barillerie, le pont Saint-Michel et les quais ; seulement on dépassa les Augustins, et à trois cents pas de là, dans une encoignure, on s'arrêta devant une énorme porte à côté de laquelle se trouvait une autre petite porte de service. La duègne y frappa; le portier vint ouvrir. Les deux hoquetons, après un profond salut, reprirent la route du Châtelet, et notre artiste se retrouva une seconde fois immobile devant une porte close.

Il y serait probablement resté jusqu'au lendemain, car il avait commencé la quatrième série de ses rêves. Mais le hasard voulut qu'un passant quelque peu aviné vînt donner de la tête contre lui.

— Hé! l'ami, dit le passant, sans indiscrétion êtes-vous un homme ou une borne? Si vous êtes une borne, vous êtes dans votre droit et je vous respecte; si vous êtes un homme : gare, que je passe!

— Excusez, reprit le jeune homme distrait, mais je suis étranger à la bonne ville de Paris, et...

— Oh! c'est autre chose, alors; le Français est hospitalier, c'est moi qui vous demande pardon; vous êtes étranger, c'est bien. Puisque vous m'avez dit qui vous étiez, il est juste que je vous dise qui je suis. Je suis écolier et je m'appelle...

— Pardon, interrompit le jeune artiste, mais, avant de savoir qui vous êtes, je voudrais bien savoir où je suis.

— Porte de Nesle, mon cher ami, et voici l'hôtel de Nesle, dit l'écolier en montrant des yeux la grande porte que l'étranger n'avait pas quittée du regard.

— Fort bien; et pour aller rue Saint-Martin, où je demeure, dit notre amoureux pour dire quelque chose, et espérant qu'il se débarrasserait de son compagnon, par où faut-il que je passe?

— Rue Saint-Martin, dites-vous? Venez avec moi, je vous accompagnerai, c'est justement ma route, et au pont Saint-Michel je vous indiquerai votre chemin. Je vous dirai donc que je suis écolier, que je reviens du Pré-aux-Clercs et que je m'appelle...

— Savez-vous à qui il appartient, l'hôtel de Nesle? demanda le jeune inconnu.

— Tiens! est-ce qu'on ne sait pas son université! L'hôtel de Nesle, jeune homme, appartient au roi notre sire, et est présentement aux mains du prévôt de Paris, Robert d'Estourville.

— Comment! c'est là que demeure le prévôt de Paris? s'écria l'étranger.

— Je ne vous ai dit en rien que le prévôt de Paris demeurât là, mon fils, reprit l'écolier; le prévôt de Paris demeure au Grand-Châtelet.

— Ah! au Grand-Châtelet! Alors, c'est cela. Mais comment se fait-il que le prévôt demeure au Grand-Châtelet et que le roi lui laisse l'hôtel de Nesle?

— Voici l'histoire : Le roi, voyez-vous, avait jadis donné l'hôtel de Nesle à notre bailli, homme extrêmement vénérable, qui gardait les priviléges et jugeait les procès de l'Université de la façon la plus paternelle : superbe fonction! Par malheur, cet excellent bailli était si juste, si juste... pour nous, qu'on a aboli sa charge depuis deux ans, sous prétexte qu'il dormait aux audiences, comme si bailli ne dérivait pas de bâiller. Sa charge donc étant supprimée, on a rendu au prévôt de Paris le soin de protéger l'Université. Beau protecteur, par ma foi! si nous ne savions pas nous protéger nous-mêmes. Or, mon dit prévôt—tu me suis, mon enfant?— mon dit prévôt, qui est fort rapace, a jugé que, puisqu'il succédait à l'office du bailli, il devait hériter en même temps de ses propriétés, et il a tout doucement pris possession du Grand et du Petit-Nesle, avec la protection de madame d'Étampes.

— Et cependant, d'après ce que vous me dites, il ne l'occupe pas.

— Pas le moins du monde, le ladre, et pourtant je crois qu'il loge une fille ou nièce à lui, le vieux Cassandre, une belle enfant qu'on appelle Colombe ou Colombine, je ne sais plus bien, et qu'il tient enfermée dans un coin du Petit-Nesle.

— Ah! vraiment! fit l'artiste, qui respirait à peine, car pour la première fois il entendait prononcer le nom de sa maîtresse; cette usurpation me paraît un abus criant. Comment! cet immense hôtel pour loger une jeune fille seule avec une duègne.

— Et d'où viens-tu donc, ô étranger! pour ne pas savoir que c'est un abus tout naturel, que nous autres pauvres clercs habitions à six un méchant taudis, pendant qu'un grand seigneur abandonne aux orties cette immense propriété avec ses jardins, ses préaux, son jeu de paume?

— Ah! il y a un jeu de paume.

— Magnifique! mon fils, magnifique!

—Mais, en définitive, c'est la propriété du roi François Ier, cet hôtel de Nesle.

— Sans doute; mais qu'est-ce que tu veux qu'il en fasse de sa propriété, le roi François Ier?

— Qu'il la donne à d'autres, puisque le prévôt ne l'habite pas.

— Eh bien! fais-la lui demander pour toi, alors.

— Pourquoi pas? Aimez-vous le jeu de paume, vous?

— J'en raffole.

— Je vous invite alors à venir faire une partie avec moi dimanche prochain.

— Où cela?

— Dans l'hôtel de Nesle.

— Tope, monseigneur le grand maître des châteaux royaux. Ah çà, il est bon que tu saches mon nom, au moins; je m'appelle...

Mais comme l'étranger savait ce qu'il voulait savoir et que le reste l'inquiétait probablement fort peu, il n'entendit pas un mot de l'histoire de son ami, qui lui raconta pourtant en détail comme quoi il s'appelait Jacques Aubry, était écrivain en l'Université, et qu'en ce moment il revenait du Pré-aux-Clercs, où il avait eu un rendez-vous avec la femme de son tailleur ; comme quoi celle-ci, retenue sans doute par son indigne époux, n'était pas venue, comme quoi il s'était consolé de l'absence de Simonne en buvant du vin de Surène, et comme quoi enfin il allait retirer sa pratique à l'indélicat marchand d'habits, qui lui faisait faire le pied de grue et le contraignait de s'enivrer, ce qui était contre toutes ses habitudes.

Quand les deux jeunes gens furent arrivés à la rue de la Harpe, Jacques Aubry indiqua à notre inconnu son chemin, que celui-ci savait mieux que lui ; puis ils se donnèrent rendez-vous pour le dimanche suivant, à midi, à la porte de Nesle, et se séparèrent, l'un chantant et l'autre rêvant.

Et celui qui rêvait avait matière à rêver, car il en avait plus appris dans cette journée que pendant les trois semaines précédentes.

Il avait appris que celle qu'il aimait habitait le Petit-Nesle, qu'elle était fille du prévôt de Paris, messire Robert d'Estourville et qu'elle s'appelait Colombe. Comme on le voit, il n'avait pas perdu sa journée.

Et tout en rêvant il s'enfonça dans la rue Saint-Martin et s'arrêta devant une maison de belle apparence, au-dessus de la porte de laquelle étaient sculptées les armes du cardinal de Ferrare. Il frappa trois coups.

— Qui est là? demanda de l'intérieur et après quelques secondes d'attente une voix fraîche, jeune et sonore.

— Moi, dame Catherine, répondit l'inconnu.

— Qui, vous?

— Ascanio.

— Ah! enfin.

La porte s'ouvrit et Ascanio entra.

Une jolie fille de dix-huit à vingt ans, un peu brune, un peu petite, un peu vive; mais admirablement bien faite, reçut le vagabond avec mille transports de joie. Le voilà, le déserteur! le voilà! s'écria-t-elle, et elle courut ou plutôt elle bondit devant lui pour l'annoncer, éteignant la lampe qu'elle portait et laissant ouverte la porte de la rue, qu'Ascanio, beaucoup moins écervelé qu'elle, prit soin de refermer.

Le jeune homme, malgré l'obscurité où le laissait la précipitation de dame Catherine, traversa d'un pas sûr une assez vaste cour où une bordure d'herbe encadrait chaque pavé et que dominaient de leur masse sombre de grands bâtiments d'aspect sévère. C'était bien, au reste, la demeure austère et humide d'un cardinal, quoique depuis long-temps son maître ne l'habitât plus. Ascanio franchit lestement un perron aux marches vertes de mousse et entra dans une immense salle, la seule de la maison qui fût éclairée, une espèce de réfectoire monacal, triste, noir et nu d'ordinaire, mais depuis deux mois brillant, vivant, chantant.

Depuis deux mois, en effet, dans cette froide et colossale cellule se remuait, travaillait, riait tout un monde d'activité et de bonne humeur; depuis deux mois dix établis, deux enclumes, et au fond une forge improvisée avaient rapetissé l'énorme chambre; des dessins, des modèles, des planches chargées de pinces, de marteaux et de limes; des faisceaux d'épées aux poignées ciselées merveilleusement et aux lames découpées à jour; des trophées de casques, de cuirasses et de boucliers damasquinés en or, sur lesquels ressortaient en bosse les amours des dieux et des déesses, comme si l'on eût voulu faire oublier par les sujets qu'ils représentaient l'usage auquel ils étaient destinés, avaient habillé les murailles grisâtres ; le soleil avait pu largement entrer par les fenêtres toutes grandes ouvertes, et l'air s'était égayé aux chansons des travailleurs alertes et bons vivants.

Le réfectoire d'un cardinal était devenu l'atelier d'un orfévre.

Pourtant, pendant cette soirée du 10 juillet 1540, la sainteté du dimanche avait momentanément rendu à la salle désennuyée la tranquillité où elle avait langui durant un siècle. Mais une table en désordre sur laquelle se voyaient les restes d'un excellent souper éclairés par une lampe que l'on eût cru dérobée aux fouilles de Pompéia, tant sa forme était à la fois élégante et pure, attestait que si les habitants temporaires de la maison du cardinal aimaient parfois le repos, ils n'étaient nullement partisans du jeûne.

Quand Ascanio entra, quatre personnes se trouvaient dans l'atelier.

Ces quatre personnes étaient : une vieille servante qui desservait, Catherine qui rallumait la lampe, un jeune homme qui dessinait dans un coin et qui attendait cette lampe, que Catherine avait enlevée de devant lui, pour continuer à dessiner, et le maître, debout, les bras croisés et appuyé contre la forge.

C'est ce dernier qu'eût aperçu tout d'abord quiconque fût entré dans l'atelier.

En effet, je ne sais quelle vie et quelle puissance émanaient de ce personnage étrange et attiraient l'attention même de ceux qui eussent voulu la lui refuser.

C'était un homme maigre, grand, vigoureux, de quarante ans à peu près; mais il faudrait le ciseau de Michel-Ange où le pinceau de Ribera pour retracer ce profil fin et énergique, ou pour peindre ce teint brun et animé, pour rendre enfin tout cet air hardi et comme royal. Son front élevé s'ombrageait de sourcils prompts à se froncer; son regard net, franc et incisif, jetait parfois des éclairs sublimes; son sourire, plein de bonté et de clémence, mais avec des plis quelque peu railleurs, vous charmait et vous intimidait en même temps : de sa main, par un geste qui lui était familier, il caressait sa barbe et ses moustaches noires; cette main n'était pas précisément petite, mais nerveuse, souple, allongée, industrieuse, serrant bien, et avec tout cela fine, aristocrate, élégante; et enfin dans sa façon de regarder, de parler, de tourner la tête, dans ses gestes vifs, expressifs sans être heurtés, jusque dans l'attitude nonchalante qu'il avait prise quand Ascanio entra, la force se faisait sentir : le lion au repos n'en était pas moins le lion.

Quant à Catherine et à l'apprenti qui dessinait, ils formaient entre eux le contraste le plus singulier. Celui-ci, sombre, taciturne, au front étroit et déjà ridé, aux yeux à demi clos, aux lèvres serrées; celle-là, gaie comme un oiseau, épanouie comme une fleur, et dont les paupières laissaient toujours voir l'œil le plus malin, dont la bouche rieuse montrait sans cesse les dents les plus blanches. L'apprenti, enfoncé dans un coin, lent et langoureux, semblait économiser ses mouvements. Catherine allait, tournait, virait, constamment heurtant l'apprenti, donnant de temps en temps, il faut l'avouer, un baiser au maître, mais ne restant jamais une seconde en place, tant la vie débordait en elle, tant cette organisation jeune et vivace avait besoin de mouvement à défaut d'émotions.

Aussi était-ce le lutin de la maison, une vraie alouette par la vivacité et par son petit cri vif et clair, menant enfin avec assez de prestesse, d'abandon et d'imprévoyance cette vie dans laquelle elle entrait à peine, pour justifier parfaitement le surnom de Scozzone que le maître lui avait donné et qui en italien signifiait alors et signifie encore aujourd'hui quelque chose comme *casse-cou*. Du reste, pleine de gentillesse et de grâce dans toute cette pétulance d'enfant, Scozzone était l'âme de l'atelier ; quand elle chantait, on faisait silence ; quand elle riait, on riait avec elle ; quand elle ordonnait, on obéissait, et cela sans mot dire, son caprice ou sa fantaisie n'étant pas d'ailleurs ordinairement fort exigeant ; et puis elle était si franchement et si naïvement heureuse, qu'elle répandait sa bonne humeur autour d'elle et qu'on se sentait joyeux de la voir joyeuse.

Pour son histoire, c'est une vieille histoire sur laquelle nous reviendrons peut-être. Orpheline et sortie du peuple on avait abandonné son enfance à l'aventure ; à quatorze ans, sa mère s'était aperçue qu'elle était belle et l'avait dévouée à la honte ; mais Dieu la protégea. Destinée à être un plaisir pour tous, elle rencontra un homme pour qui elle devint un bonheur.

Ces nouveaux personnages posés, reprenons notre récit où nous l'avons laissé.

— Ah çà, d'où arrives-tu, coureur? dit le maître à Ascanio.

— D'où j'arrive? j'arrive de courir pour vous, maître.

— Depuis le matin?

— Toute la journée.

— Dis plutôt que tu te seras mis en quête de quelque aventure.

— Quelle aventure voulez-vous que je poursuive, maître? murmura Ascanio.

— Que sais-je, moi!

— Eh bien! quand cela serait, voyez le

grand malheur. D'ailleurs il est assez joli garçon, s'il ne court pas après les aventures, pour que les aventures courent après lui.

— Scozzone, interrompit le maître en fronçant le sourcil.

— Allons, allons, n'allez-vous pas être jaloux de celui-ci encore ? pauvre cher enfant ! Et elle releva le menton d'Ascanio avec la main. Eh bien ! il ne manquerait plus que cela. Mais, Jésus ! comme vous êtes pâle, est-ce que vous n'auriez pas soupé, monsieur le vagabond ?

— Tiens, non, s'écria Ascanio; je l'ai oublié.

— Oh ! alors je me range à l'avis du maître; il a oublié qu'il n'avait pas soupé, décidément il est amoureux. Ruberta! Ruberta! vite, vite à souper à messire Ascanio.

La servante apporta d'excellents reliefs, sur lesquels se précipita notre jeune homme, lequel, après ses stations en plein air, avait bien le droit d'avoir faim.

Scozzone et le maître le regardaient en souriant, l'une avec une affection fraternelle, l'autre avec une tendresse de père. Quant au travailleur du coin, il avait levé la tête au moment où Ascanio était entré; mais aussitôt que Scozzone avait replacé devant lui la lampe qu'elle avait prise pour aller ouvrir la porte, il avait de nouveau abaissé la tête sur son ouvrage.

— Je vous disais donc, maître, que c'était pour vous que j'avais couru toute la journée, reprit Ascanio, s'apercevant de l'attention maligne que lui accordaient le maître et Scozzone, et désirant mener la conversation sur un autre chapitre que celui de ses amours.

— Et comment as-tu couru pour moi toute la journée, voyons?

— Oui; n'avez-vous pas dit hier que le jour était mauvais ici et qu'il vous fallait un autre atelier?

— Sans doute.

— Eh bien! je vous en ai trouvé un, moi.

— Entends-tu, Pagolo? dit le maître en se retournant vers le travailleur.

— Plaît-il, maître? fit celui-ci en relevant une seconde fois la tête.

— Allons donc, quitte donc un peu ton dessin et viens écouter cela. Il a trouvé un atelier, entends-tu?

— Pardon, maître, mais j'entendrai très-bien d'ici ce que dira mon ami Ascanio. Je voudrais terminer cette étude; il me semble que ce n'est pas un mal, quand on a religieusement accompli le dimanche ses devoirs de chrétien, d'occuper ses loisirs à quelque profitable exercice: travailler c'est prier.

— Pagolo, mon ami, dit le maître en secouant la tête et d'un ton plus triste que fâché, vous feriez mieux, croyez-moi, de travailler plus assidûment et plus courageusement dans la semaine et de vous divertir comme un bon compagnon le dimanche, au lieu de fainéanter les jours ordinaires et de vous distinguer hypocritement des autres en feignant tant d'ardeur les jours de fête; mais vous êtes le maître, agissez comme bon vous semble; et toi, Ascanio, mon enfant, continua-t-il avec une voix dans laquelle il y avait un mélange infini de douceur et de tendresse: tu dis donc?

— Je dis que je vous ai trouvé un atelier magnifique.

— Lequel?

— Connaissez-vous l'hôtel de Nesle?

— A merveille; pour avoir passé devant, c'est-à-dire, car je n'y suis jamais entré.

— Mais sur l'apparence, vous plaît-il?

— Je le crois pardieu bien; mais...

— Mais quoi?

— Mais n'est-il donc occupé par personne?

— Si fait, par M. le prévôt de Paris, M. Robert d'Estourville, lequel s'en est emparé sans en avoir aucun droit. D'ailleurs, pour mettre votre conscience en repos, il me semble que nous pourrions parfaitement lui laisser le Petit-Nesle, où habite quelqu'un de sa famille, je crois, et nous contenter, nous, du Grand-Nesle, avec ses cours, ses préaux, ses jeux de boule, son jeu de paume.

— Il y a un jeu de paume?

— Plus beau que celui de Santa-Croce, à Florence.

— Per Bacco, c'est mon jeu favori; tu le sais, Ascanio.

— Oui; et puis, maître, outre cela, un emplacement superbe : de l'air partout, et quel air! l'air de la campagne; ce n'est pas comme dans cet affreux coin où nous moisissons et où le soleil nous oublie; là le Pré-aux-Clercs d'un côté, la Seine de l'autre. Et le roi, votre grand roi, à deux pas, dans son Louvre.

— Mais à qui est ce diable d'hôtel?

— A qui? Pardieu! au roi.

— Au roi!... Répète cette parole, mon enfant : — l'hôtel de Nesle est au roi?

— En personne; maintenant, reste à savoir s'il consentira à vous donner un logement si magnifique.

— Qui, le roi? Comment s'appelle-t-il, Ascanio?

— Mais, François Ier, que je pense.

— Ce qui veut dire que dans huit jours l'hôtel de Nesle sera ma propriété.

— Mais le prévôt de Paris se fâchera peut-être.

— Que m'importe !

— Et s'il ne veut pas lâcher ce qu'il tient ?

— S'il ne veut pas ! Comment m'appelle-t-on, Ascanio !

— On vous appelle Benvenuto Cellini, maître.

— Ce qui veut dire que s'il ne veut pas faire les choses de bonne volonté, ce digne prévôt, eh bien ! on les lui fera faire de force. Sur ce, allons nous coucher. Demain nous reparlerons de tout cela, et, comme il fera jour, nous y verrons clair.

Et sur l'invitation du maître, chacun se retira, à l'exception de Pagolo, qui resta encore quelque temps à travailler dans son coin ; mais aussitôt qu'il jugea que chacun était au lit, l'apprenti se leva, regarda autour de lui, s'approcha de la table, se versa un grand verre de vin qu'il avala tout d'un trait, et s'en alla se coucher à son tour.

CHAPITRE II.

UN ORFÉVRE AU SEIZIÈME SIÈCLE.

Puisque nous avons fait le portrait et que nous avons prononcé le nom de Benvenuto Cellini, que le lecteur nous permette, afin qu'il puisse entrer plus avant dans le sujet tout artistique que nous traitons, une petite digression sur cet homme étrange qui depuis deux mois habitait la France, et qui est destiné, comme on s'en doute bien, à devenir un des personnages principaux de cette histoire.

Mais auparavant disons ce que c'était qu'un orfévre au seizième siècle.

Il y a à Florence un pont qu'on appelle le Pont-Vieux et qui est encore aujourd'hui tout chargé de maisons : ces maisons étaient des boutiques d'orfévreries.

Mais pas d'orfévrerie comme nous l'entendons de nos jours : l'orfévrerie aujourd'hui est un métier; autrefois l'orfévrerie était un art.

Aussi rien n'était merveilleux comme ces boutiques ou plutôt comme les objets qui les garnissaient : c'étaient des coupes d'onyx arrondies, autour desquelles rampaient des queues de dragons, tandis que les têtes et les corps de ces animaux fantastiques, se dressant en face l'un de l'autre, étendaient leurs ailes azurées toutes étoilées d'or, et, la gueule ouverte comme des chimères, se menaçaient avec leurs yeux de rubis; c'étaient des aiguières d'agate, au pied desquelles s'enroulait un feston de lierre qui, remontant en forme d'anse, s'arrondissait bien au-dessus de leur orifice, cachant au milieu de ses feuilles d'émeraude quelque merveilleux oiseau des tropiques tout habillé d'émail et qui semblait vivre et prêt à chanter. C'étaient des urnes de lapis-lazuli dans lesquelles se penchaient, comme pour boire, deux lézards si habilement ciselés qu'on eût cru voir les reflets changeants de leur cuirasse d'or, et qu'on eût pu penser qu'au moindre bruit ils allaient fuir et se réfugier dans quelque gerçure de la muraille. C'étaient encore des calices, des ostensoirs, des médailles de bronze, d'argent, d'or; tout cela émaillé de pierres précieuses, comme si, à cette époque, les rubis, les topazes, les escarboucles et les diamants se trouvaient en fouillant le sable des rivières ou en soulevant la poussière des chemins. C'étaient enfin des nymphes, des naïades, des dieux, des déesses, tout un Olympe resplendissant, mêlé à des crucifix, à des croix, à des calvaires; des Mater dolorosa et des Vénus, des Christs et des Apollons, des Jupiters lançant la foudre et des Jéhovahs créant le monde; et tout cela, non-seulement habilement exécuté, mais poétiquement conçu; non-seulement admirable comme bijoux à orner le boudoir d'une femme, mais splendide comme chefs-d'œuvre à immortaliser le règne d'un roi ou le génie d'une nation.

Il est vrai que les orfévres de cette époque se nommaient Donatello Ghiberti, Guirlandajo et Benvenuto Cellini.

Or, Benvenuto Cellini a raconté lui-même, dans des mémoires plus curieux que le plus curieux roman, cette vie aventurière des artistes du quinzième et du seizième siècle, quand Titien peignait la cuirasse sur le dos et que Michel-Ange sculptait l'épée au côté, quand Masaccio et le Dominiquin mouraient du poison, et quand Come Ier s'enfermait pour retrouver la trempe d'un acier qui pût tailler le porphyre.

Nous ne prendrons donc, pour faire

connaître cet homme, qu'un épisode de sa vie; celui qui le conduisit en France.

Benvenuto était à Rome, où le pape Clément VII l'avait fait appeler, et il travaillait avec passion au beau calice que Sa Sainteté lui avait commandé : mais comme il voulait mettre tous ses soins à ce précieux ouvrage il n'avançait que bien lentement. Or, Benvenuto, comme on le pense bien, avait force envieux tant à cause des belles commandes qu'il recevait des ducs, des rois et des papes, qu'à cause du grand talent avec lequel il exécutait ces commandes. Il en résultait qu'un de ses confrères, nommé Pompeo, qui n'avait rien à faire qu'à calomnier, lui, profitait de ces retards pour le desservir tant qu'il pouvait près du pape, et cela tous les jours, sans trêve, sans relâche, tantôt tout bas, tantôt tout haut, assurant qu'il n'en finirait jamais, et que, comme il était accablé de besogne, il exécutait d'autres travaux, au détriment de ceux commandés par Sa Sainteté.

Il dit et fit tant, ce digne Pompeo, qu'un jour, en le voyant entrer dans sa boutique, Benvenuto Cellini jugea tout de suite à son air riant qu'il était porteur d'une mauvaise nouvelle.

— Eh bien! mon cher confrère, dit-il, je viens vous soulager d'une lourde obligation : Sa Sainteté a bien vu que si vous tardiez tant à lui livrer son calice, ce n'était pas faute de zèle, mais faute de temps. Elle a pensé en conséquence qu'il fallait débarrasser vos journées de quelque soin important, et de son propre mouvement elle vous retire la charge de graveur de la monnaie. C'est neuf pauvres ducats d'or que vous aurez par mois de moins, mais une heure par jour que vous aurez de plus.

Benvenuto Cellini se sentit une sourde et furieuse envie de jeter le railleur par la fenêtre, mais il se contint; et Pompeo, ne voyant bouger aucun muscle de son visage, crut que le coup n'avait pas porté.

— En outre, continua-t-il, et je ne sais pourquoi, malgré tout ce que j'ai pu dire en votre faveur, Sa Sainteté vous redemande son calice tout de suite et dans l'état où il est. J'ai vraiment peur, mon cher Benvenuto, et je vous préviens de cela en ami, qu'elle n'ait l'intention de le faire achever par quelque autre.

— Oh! pour cela, non! s'écria l'orfévre, se redressant cette fois comme un homme piqué par un serpent. Mon calice est à moi comme l'office de la monnaie est au pape. Sa Sainteté n'a d'autre droit que d'exiger les cinq cents écus qu'elle m'a fait payer d'avance, et je ferai de mon travail ce que bon me semblera.

— Prenez garde, mon maître, dit Pompeo, car peut-être la prison est-elle au bout de ce refus.

— Monsieur Pompeo, vous êtes un âne, répondit Benvenuto Cellini.

Pompeo sortit furieux.

Le lendemain deux camerieri du saint-père vinrent trouver Benvenuto Cellini.

— Le pape nous mande vers toi, dit l'un d'eux, afin que tu nous remettes le calice ou que nous te conduisions en prison.

— Messeigneurs, répondit Benvenuto, un homme comme moi ne méritait pas moins que des archers comme vous. Menez-moi en prison, me voilà. Mais, je vous en préviens, cela n'avancera point d'un coup de burin le calice du pape.

Et Benvenuto s'en alla avec eux chez le gouverneur, qui, ayant sans doute reçu ses instructions d'avance, l'invita à se mettre à table avec lui. Pendant tout le dîner, le gouverneur engagea Benvenuto par toutes les raisons possibles à contenter le pape en lui portant son travail, lui affirmant au reste que, s'il faisait cette soumission, Clément VII, tout violent et entêté qu'il était, s'apaiserait de cette seule soumission ; mais Benvenuto répondit qu'il avait déjà montré six fois au saint père son calice commencé, et que c'était tout ce que l'exigence pontificale pouvait demander de lui ; que d'ailleurs il connaissait Sa Sainteté, qu'il n'y avait pas à s'y fier, et qu'elle pourrait bien profiter de ce qu'elle le tenait à sa disposition pour lui reprendre son calice et le donner à finir à quelque imbécile qui le gâterait. En revanche, il déclara de nouveau qu'il était prêt à rendre au pape les cinq cents écus qu'il lui avait avancés.

Cela dit, Benvenuto ne répondit plus à toutes les instances du gouverneur qu'en vantant son cuisinier et en exaltant ses vins.

Après le dîner, tous ses compatriotes, tous ses amis les plus chers, tous ses apprentis conduits par Ascanio vinrent le supplier de ne pas courir à sa ruine en tenant tête à Clément VII; mais Benvenuto Cellini répondit que depuis long-temps il désirait constater cette grande vérité qu'un orfévre pouvait être plus entêté qu'un pape; qu'en conséquence, comme l'occasion s'en présentait aussi belle qu'il la pouvait désirer, il ne la laisserait point échapper de peur qu'elle ne se présentât plus.

Ses compatriotes se retirèrent en haussant les épaules, ses amis en déclarant qu'il était fou et Ascanio en pleurant.

Heureusement Pompeo n'oubliait pas Cellini, et pendant ce temps il disait au pape :

— Très-saint-père, laissez faire votre serviteur, je vais envoyer dire à cet entêté que, puisqu'il le veut absolument, il ait à faire remettre chez moi les cinq cents écus, et comme c'est un gaspilleur et un dépensier qui n'aura pas cette somme à sa disposition, il sera bien forcé de me remettre le calice.

Clément VII trouva le moyen excellent et répondit à Pompeo d'agir comme il l'entendrait. En conséquence, le même soir, et comme on allait conduire Benvenuto Cellini à la chambre qui lui était destinée, un cameriere se présenta disant à l'orfévre que Sa Sainteté acceptait son ultimatum, et désirait avoir à l'instant même les cinq cents écus ou le calice.

Benvenuto répondit qu'on n'avait qu'à

le ramener à sa boutique et qu'il donnerait les cinq cents écus.

Quatre Suisses reconduisirent chez lui Benvenuto, suivi du cameriere. Arrivé dans sa chambre à coucher, Benvenuto tira une clef de sa poche, ouvrit une petite armoire en fer pratiquée dans le mur, plongea sa main dans un grand sac, en tira les cinq cents écus, et, les ayant donnés au cameriere, il le mit à la porte, lui et les quatre Suisses.

Ceux-ci reçurent même, il faut le dire à la louange de Benvenuto Cellini, quatre écus pour la peine qu'ils avaient prise, et ils se retirèrent en lui baisant les mains, il faut le dire à la louange des Suisses.

Le cameriere retourna aussitôt près du

saint-père et lui remit les cinq cents écus, sur quoi Sa Sainteté désespérée entra dans une grande colère et se mit à injurier Pompeo.

— Va trouver toi-même mon grand ciseleur à sa boutique, animal, lui dit-il, fais-lui toutes les caresses dont ton ignorante bêtise est capable, et dis-lui que, s'il consent à faire mon calice, je lui donnerai toutes les facilités qu'il me demandera.

— Mais, votre Sainteté, dit Pompeo, ne serait-il pas temps demain matin?

— Il est déjà trop tard ce soir, imbécile, et je ne veux pas que Benvenuto s'endorme sur sa rancune; fais donc à l'instant ce que j'ordonne et que demain à mon lever j'aie une bonne réponse.

Le Pompeo sortit donc du Vatican l'oreille basse, et s'en vint à la boutique de Benvenuto; elle était fermée.

Il regarda à travers le trou de la serrure, à travers les fentes de la porte, passa en revue toutes les fenêtres pour voir s'il n'y en avait pas quelqu'une d'illuminée; mais, voyant que tout était sombre, il se hasarda à frapper une première fois à la porte, puis une seconde fois plus fort que la première, puis enfin une troisième fois plus fort encore que la seconde.

Alors une croisée du premier étage s'ouvrit, et Benvenuto parut en chemise et son arquebuse à la main.

— Qui va là? demanda Benvenuto.

— Moi, répondit le messager.

— Qui, toi? reprit l'orfévre, qui avait parfaitement reconnu son homme.

— Moi, Pompeo.

— Tu mens, dit Benvenuto, je connais parfaitement Pompeo, et c'est un trop grand lâche pour se hasarder à cette heure dans les rues de Rome.

— Mais, mon cher Cellini, je vous jure....

— Tais-toi; tu es un brigand qui a pris le nom de ce pauvre diable pour te faire ouvrir ma porte et pour me voler.

— Maître Benvenuto, je veux mourir...

— Dis encore un mot, s'écria Benvenuto en abaissant l'arquebuse dans la direction de son interlocuteur, et ce souhait sera exaucé.

Pompeo s'enfuit à toutes jambes en criant au meurtre, et disparut à l'angle de la plus prochaine rue.

Quand il eut disparu, Benvenuto referma sa fenêtre, raccrocha son arquebuse à son clou et se recoucha en riant dans sa barbe de la peur qu'il avait faite au pauvre Pompeo.

Le lendemain, au moment où il descendait dans sa boutique, ouverte déjà depuis une heure par ses apprentis, Benvenuto Cellini aperçut de l'autre côté de la rue Pompeo, qui, en faction, depuis le point du jour attendait qu'il descendît.

En apercevant Cellini, Pompeo lui fit

de la main le geste le plus tendrement amical qu'il eût jamais fait à personne.

— Ah! fit Cellini, c'est vous, mon cher Pompeo! Ma foi, j'ai manqué cette nuit faire payer cher à un drôle l'insolence qu'il avait eue de prendre votre nom.

— Vraiment, dit Pompeo, en s'efforçant de sourire et en s'approchant peu à peu de sa boutique, et comment cela?

Benvenuto raconta alors au messager de Sa Sainteté ce qui s'était passé; mais comme dans le dialogue nocturne son ami Benvenuto l'avait traité de lâche, il n'osa avouer que c'était à lui en personne que Benvenuto avait eu affaire. Puis, ce récit achevé, Cellini demanda à Pompeo quelle heureuse circonstance lui valait si matin l'honneur de son aimable visite.

Alors Pompeo s'acquitta, mais dans d'autres termes, bien entendu, de la commission dont Clément VII l'avait chargé près de son orfévre.

A mesure qu'il parlait, la figure de Benvenuto Cellini s'épanouissait. Clément VII cédait donc. L'orfévre avait été plus entêté que le pape. Puis, quand il eut fini son discours :

— Répondez à Sa Sainteté, dit Benvenuto, que je serai heureux de lui obéir et de faire tout au monde pour regagner ses bonnes grâces, que j'ai perdues, non par ma faute, mais par la méchanceté des envieux. Quant à vous, monsieur Pompeo, comme le pape ne manque pas de domestiques, je vous engage, dans votre intérêt, à me faire envoyer à l'avenir un autre valet que vous; pour votre santé, monsieur Pompeo, ne vous mêlez plus de ce qui me regarde; par pitié pour vous, ne vous rencontrez jamais sur mon chemin, et, pour le salut de mon âme, priez Dieu, Pompeo, que je ne sois pas votre César.

Pompeo ne demanda point son reste et s'en alla reporter à Clément VII la réponse de Benvenuto Cellini, en supprimant toutefois la péroraison.

A quelque temps de là, pour se raccommoder tout à fait avec Benvenuto, Clément VII lui commanda une médaille. Benvenuto la lui frappa en bronze, en argent et en or, puis il la lui porta. Le pape en fut si émerveillé qu'il s'écria dans son admiration que jamais les anciens n'avaient fait une si belle médaille.

— Eh bien, Votre Sainteté, dit Benvenuto, si cependant je n'avais pas montré un peu de fermeté, nous serions brouillés tout à fait à cette heure : car jamais je ne vous eusse pardonné, et vous eussiez perdu un serviteur dévoué. Voyez-vous, très-saint père, continua Benvenuto en manière d'avis, Votre Sainteté ne ferait pas mal de se rappeler quelquefois l'opinion de certaines gens d'un gros bon sens, qui disent qu'il faut saigner sept fois avant de couper une veine, et vous feriez bien aussi de vous laisser un peu moins duper par les méchantes langues, les envieux et les calomniateurs; cela soit dit pour votre gouverne, et n'en parlons plus, très-saint père.

Ce fut ainsi que Benvenuto pardonna à Clément VII, ce qu'il n'eût certainement pas fait s'il l'eût moins aimé; mais en qualité de compatriote, il était fort attaché à lui.

Aussi sa désolation fut grande lorsque, quelques mois après l'aventure que nous venons de raconter, le pape mourut presque subitement : cet homme de fer fondit tout en larmes à cette nouvelle, et pendant huit jours il pleura comme un enfant.

Au reste, cette mort fut doublement funeste au pauvre Benvenuto Cellini, car le jour même où l'on ensevelit le pape, il rencontra Pompeo, qu'il n'avait pas vu depuis le moment où il l'avait invité à lui épargner sa trop fréquente présence.

Il faut dire que depuis les menaces de

Benvenuto Cellini, le malheureux Pompeo n'osait plus sortir qu'accompagné de douze hommes bien armés à qui il donnait la même solde que le pape donnait à sa garde suisse, si bien que chaque promenade par la ville lui coûtait deux ou trois écus; et encore, au milieu de ces douze sbires tremblait-il de rencontrer Benvenuto Cellini, sachant que si quelque rixe suivait cette rencontre et qu'il arrivât malheur à Benvenuto, le pape, qui au fond aimait fort son orfévre, lui ferait un mauvais parti; mais Clément VII, comme nous l'avons dit, venait de mourir, et cette mort rendait quelque hardiesse à Pompeo.

Benvenuto était allé à Saint-Pierre baiser les pieds du pape décédé, et comme il revenait par la rue des Bianchi, accompagné d'Ascanio et de Pagolo, il se trouva face à face avec Pompeo et ses douze hommes. A l'apparition de son ennemi, Pompeo devint très-pâle; mais regardant autour de lui et se voyant bien environné, tandis que Benvenuto n'avait avec lui que deux enfants, il reprit courage, et s'arrêtant il fit à Benvenuto un salut ironique de la tête, tandis que de sa main droite il jouait avec le manche de son poignard.

A la vue de cette troupe qui menaçait son maître, Ascanio porta la main à son épée, tandis que Pagolo faisait semblant de regarder autre chose; mais Benvenuto ne voulait pas exposer son élève chéri à une lutte si inégale; il lui mit la main sur la sienne, et, repoussant au fourreau l'épée danoise à demi tirée, il continua son chemin comme s'il n'avait rien vu ou comme si ce qu'il avait vu ne l'ayait aucunement blessé. Ascanio ne reconnaissait pas là son maître ; mais comme son maître se retirait, il se retira avec lui.

Pompeo, triomphant, fit une profonde salutation à Benvenuto et continua son chemin toujours environné de ses sbires, qui imitèrent ses bravades.

Benvenuto se mordait en dedans les lèvres jusqu'au sang, mais au dehors il avait l'air de sourire : c'était à n'y plus rien comprendre pour quiconque connaissait le caractère irascible de l'illustre orfévre.

Mais à peine eut-il fait cent pas que, se trouvant en face de la boutique d'un de ses confrères, il entra chez lui sous prétexte de voir un vase antique qu'on venait de retrouver dans les tombeaux étrusques de Corneto, ordonnant à ses deux élèves de suivre leur chemin et leur promettant de les rejoindre dans quelques minutes à la boutique.

Comme on le comprend bien, ce n'était qu'un prétexte pour éloigner Ascanio, car à peine eut-il pensé que le jeune homme et son compagnon, dont il s'inquiétait moins, attendu qu'il était sûr que son courage ne l'emporterait pas trop loin, avaient tourné l'angle de la rue, que, reposant le vase sur la planche où il l'avait trouvé, il s'élança hors de la maison.

En trois bonds Benvenuto fut dans la rue où il avait rencontré Pompeo ; mais Pompeo n'y était plus. Heureusement ou plutôt malheureusement, c'était chose remarquable que cet homme entouré de ses douze sbires; aussi, lorsque Benvenuto demanda où il était passé, la première personne à laquelle il s'adressa lui montra-t-elle le chemin qu'il avait pris, et, comme un limier remis en voie, Benvenuto se lança sur sa trace.

Pompeo s'était arrêté à la porte d'un pharmacien, au coin de la Chiavica, et il racontait au digne apothicaire les prouesses auxquelles il venait de se livrer à l'endroit de Benvenuto Cellini, lorsque tout à coup il vit apparaître celui-ci à l'angle de la rue, l'œil ardent et la sueur sur le front.

Benvenuto jeta un cri de joie en l'apercevant, et Pompeo resta court au milieu de sa phrase.

Il était évident qu'il allait se passer quelque chose de terrible.

Les bravi se rangèrent autour de Pompeo et tirèrent leurs épées.

C'était quelque chose d'insensé à un homme que d'attaquer treize hommes, mais Benvenuto était, comme nous l'avons dit, une de ces natures léonines qui ne comptent pas leurs ennemis. Il tira contre ces treize épées qui le menaçaient un petit poignard aigu qu'il portait toujours à sa ceinture, s'élança au milieu de cette troupe, ramassant avec un de ses bras deux ou trois épées, renversant de l'autre un ou deux hommes, si bien qu'il arriva du coup jusqu'à Pompeo, qu'il saisit au collet; mais aussitôt le groupe se referma sur lui.

Alors on ne vit plus rien qu'une mêlée confuse de laquelle sortaient des cris et au-dessus de laquelle s'agitaient des épées. Pendant un instant ce groupe vivant roula par terre, informe et désordonné, puis un homme se releva en jetant un cri de victoire, et d'un violent effort, comme il était entré dans le groupe il en sortit, tout sanglant lui-même, mais secouant triomphalement son poignard ensanglanté : c'était Benvenuto Cellini.

Un autre resta couché sur le pavé se roulant dans les convulsions de l'agonie. Il avait reçu deux coups de poignard, l'un au-dessous de l'oreille, l'autre derrière la clavicule, au bas du cou, dans l'intervalle du sternum à l'épaule. Au bout de quelques secondes il était mort : c'était Pompeo.

Un autre que Benvenuto après avoir fait un pareil coup se serait sauvé à toutes jambes; mais Benvenuto fit passer son poignard dans sa main gauche, tira son épée de sa main droite et attendit résolument les douze sbires.

Mais les sbires n'avaient plus rien à faire à Benvenuto. Celui qui les payait était mort et par conséquent ne pouvait plus les payer. Ils se sauvèrent comme un troupeau de lièvres effarouchés, laissant là le cadavre de Pompeo.

En ce moment Ascanio parut et s'élança dans les bras de son maître; il n'avait pas été dupe du vase étrusque, il était revenu sur ses pas; mais si vite qu'il fût accouru, il était encore arrivé quelques secondes trop tard.

CHAPITRE III.

DÉDALE.

Benvenuto se retira avec lui, assez inquiet, non pas des trois blessures qu'il avait reçues, elles étaient toutes trois trop légères pour qu'il s'en occupât, mais de ce qui allait se passer. Il avait déjà tué, six mois auparavant, Guasconti, le meurtrier de son frère; mais il s'était tiré de cette mauvaise affaire, grâce à la protection du pape Clément VII; d'ailleurs cette mort n'était qu'une espèce de représailles : mais cette fois le protecteur de Benvenuto était trépassé et le cas devenait autrement épineux.

Le remords, bien entendu, il n'en fut pas un seul instant question.

Que nos lecteurs ne prennent pas pour cela le moins du monde une mauvaise idée de notre digne orfévre, qui, après avoir tué un homme, qui après avoir tué deux hommes, et qui même, en cherchant bien dans sa vie, après avoir tué trois hommes, redoute fort le guet, mais ne craint pas une minute Dieu.

Car cet homme-là, en l'an de grâce 1540,

c'est un homme ordinaire, un homme de tous les jours, comme disent les Allemands. Que voulez-vous! on se souciait si peu de mourir en ce temps-là, qu'en revanche on ne s'inquiétait guère de tuer: nous sommes encore braves aujourd'hui, nous; eux étaient téméraires alors; nous sommes des hommes faits, ils étaient des jeunes gens. La vie était si abondante à cette époque qu'on la perdait, qu'on la donnait, qu'on la vendait, qu'on la prenait avec une profonde insouciance et une parfaite légèreté.

Il fut un écrivain long-temps calomnié, avec le nom duquel on a fait un synonyme de traîtrise, de perfidie, de cruauté, de tous les mots enfin qui veulent dire infamie, et il a fallu le dix-neuvième siècle, le plus impartial des siècles qu'ait vécus l'humanité, pour réhabiliter cet écrivain grand patriote et homme de cœur! Et pourtant le seul tort de Nicolas Machiavel est d'avoir appartenu à une époque où la force et le succès étaient tout, où l'on estimait les faits et non les mots, et où marchaient droit à leur but, sans souci aucun des moyens et des raisonnements, le souverain, César Borgia; le penseur, Machiavel; l'ouvrier, Benvenuto Cellini.

Un jour on trouva sur la place de Cesena un cadavre coupé en quatre quartiers; ce cadavre était celui de Ramiro d'Orco. Or, comme Ramiro d'Orco était un personnage tenant son rang en Italie, la république florentine voulut savoir les causes de cette mort. Les huit de la seigneurie firent donc écrire à Machiavel, leur ambassadeur, afin qu'il satisfît leur curiosité.

Mais Machiavel se contenta de répondre :

« Magnifiques seigneurs,

» Je n'ai rien à vous dire sur la mort de Ramiro d'Orco, si ce n'est que César Borgia est le prince qui sait le mieux faire et défaire les hommes selon leurs mérites.

» MACHIAVEL. »

Benvenuto était la pratique de la théorie émise par l'illustre secrétaire de la république florentine. Benvenuto génie, César Borgia prince, se croyaient tous les deux au-dessus des lois par leur droit de puissance. La distinction du juste et de l'injuste pour eux, c'était ce qu'ils pouvaient et ce qu'ils ne pouvaient pas; du devoir et du droit, pas la moindre notion.

Un homme gênait, on supprimait cet homme.

Aujourd'hui, la civilisation lui fait l'honneur de l'acheter.

Mais alors tant de sang bouillonnait dans les veines des jeunes nations qu'on le répandait pour raison de santé. On se battait d'instinct, fort peu pour la patrie, fort peu pour les dames, beaucoup pour se battre, nation contre nation, homme contre homme. Benvenuto faisait la guerre à Pompeo comme François Ier à Charles-Quint. La France et l'Espagne se battaient en duel, tantôt à Marignan, tantôt à Pavie;

le tout très-simplement, sans préambules, sans phrases, sans lamentations.

De même on exerçait le génie comme une faculté native, comme une puissance absolue, comme une royauté de droit divin ; l'art était au seizième siècle ce qu'il y avait de plus naturel au monde.

Il ne faut donc pas s'étonner de ces hommes qui ne s'étonnaient de rien : nous avons, pour expliquer leurs homicides, leurs boutades et leurs écarts, un mot qui explique et qui justifie toute chose dans notre pays et surtout dans notre temps :

Cela se faisait.

Benvenuto avait donc fait tout simplement ce qui se faisait : Pompeo gênait

Benvenuto Cellini, Benvenuto Cellini avait supprimé Pompeo.

Mais la police s'enquérait parfois de ces suppressions; elle se serait bien gardée de protéger un homme pendant sa vie, mais une fois sur dix il lui prenait des velléités de le venger lorsqu'il était mort.

Cette susceptibilité la prit à l'endroit de Benvenuto Cellini. Comme, rentré chez lui, il mettait quelques papiers au feu et quelques écus dans sa poche, les sbires pontificaux l'arrêtèrent et le conduisirent au château Saint-Ange, événement dont Benvenuto se consola presque en songeant que c'était au château Saint-Ange que l'on mettait les gentilshommes.

Mais une autre consolation qui agissait

non moins efficacement sur Benvenuto Cellini en entrant au château Saint-Ange, c'était l'idée qu'un homme doué d'une imagination aussi inventive que la sienne ne pouvait d'une façon ou de l'autre tarder d'en sortir.

Aussi en entrant dit-il au gouverneur, qui était assis devant une table couverte d'un tapis vert et qui rangeait bon nombre de papiers sur cette table :

— Monsieur le gouverneur, triplez les verrous, les grilles et les sentinelles; enfermez-moi dans votre chambre la plus haute ou dans votre cachot le plus profond; que votre surveillance veille tout le jour et ne s'endorme pas de toute la nuit, et je vous préviens que malgré tout cela je m'enfuirai.

Le gouverneur leva les yeux sur le prisonnier qui lui parlait avec un si miraculeux aplomb et reconnut Benvenuto Cellini, que trois mois auparavant il avait déjà eu l'honneur de faire asseoir à sa table.

Malgré cette connaissance, et peut-être à cause de cette connaissance, l'allocution de Benvenuto plongea le digne gouverneur dans la plus profonde stupéfaction : c'était un Florentin nommé messire Georgio, chevalier des Ugolini, excellent homme, mais de tête un peu faible. Cependant il revint bientôt de son premier étonnement et fit conduire Benvenuto dans la chambre la plus élevée du château. Le toit de cette chambre était la plate-forme même; une sentinelle se promenait sur cette plate-forme, une autre sentinelle veillait au bas de la muraille.

Le gouverneur fit remarquer au prisonnier tous ces détails; puis, lorsqu'il eut cru que le prisonnier les avait appréciés:

— Mon cher Benvenuto, dit-il, on peut ouvrir les serrures, on peut forcer les portes, on peut creuser le sol d'un cachot souterrain, on peut percer un mur, on peut gagner les sentinelles, on peut endormir les geôliers, mais, à moins d'avoir des ailes, on ne peut descendre de cette hauteur dans la plaine.

— J'y descendrai pourtant, dit Benvenuto Cellini.

Le gouverneur le regarda en face et commençait à croire que son prisonnier était fou.

—Mais vous vous envolerez donc alors?

— Pourquoi pas? j'ai toujours eu l'idée que l'homme pouvait voler, moi; seulement le temps m'a manqué pour en faire l'expérience. Ici j'en aurai le temps, et pardieu! je veux en avoir le cœur net. L'aventure de Dédale est une histoire et non pas une fable.

— Prenez garde au soleil, mon cher Benvenuto, répondit en ricanant le gouverneur, prenez garde au soleil.

— Je m'envolerai la nuit, dit Benvenuto.

Le gouverneur ne s'attendait pas à cette réponse, de sorte qu'il ne trouva pas le plus petit mot à riposter et qu'il se retira hors de lui.

En effet, il fallait fuir à tout prix. En d'autres temps, Dieu merci, Benvenuto ne se serait pas inquiété d'un homme tué et il en eût été quitte pour suivre la procession de Notre-Dame d'août, vêtu d'un pourpoint et d'un manteau d'armoise bleu. Mais le nouveau pape, Paul III, était vindicatif en diable, et Benvenuto avait eu, quand il n'était encore que monseigneur Farnèse, maille à partir avec lui à propos d'un vase d'argent qu'il refusait de lui livrer faute de payement, et que Son Éminence avait voulu faire enlever de vive force, ce qui avait mis Benvenuto dans la dure nécessité de maltraiter quelque peu les gens de Son Éminence; en outre le saint-père était jaloux de ce que le roi François Ier lui avait déjà fait demander Benvenuto par monseigneur de Montluc, son ambassadeur près du Saint-

Siége. En apprenant la captivité de Benvenuto, monseigneur de Montluc, croyant rendre service au pauvre prisonnier, avait insisté d'autant plus ; mais il s'était fort trompé au caractère du nouveau pape, qui était encore plus entêté que son prédécesseur Clément VII. Or, Paul III avait juré que Benvenuto lui payerait son escapade, et s'il ne risquait pas précisément la mort — un pape y eût regardé à deux fois à cette époque pour faire pendre un pareil artiste — il risquait fort au moins d'être oublié dans sa prison. Il était donc important en pareille occurrence que Benvenuto ne s'oubliât point lui-même, et voilà pourquoi il était résolu à fuir sans attendre les interrogatoires et jugements, qui auraient bien pu n'arriver jamais, car le pape, irrité de l'intervention du roi François Ier, ne voulait plus même entendre prononcer le nom de Benvenuto Cellini. Le prisonnier savait tout cela par Ascanio, qui tenait sa boutique et qui, à force d'instances, avait obtenu la permission de visiter son maître; bien entendu que ces visites se faisaient à travers deux grilles et en présence de témoins qui veillaient à ce que l'élève ne passât au maître ni lime, ni corde, ni couteau.

Aussi du moment où le gouverneur avait fait refermer la porte de sa chambre derrière Benvenuto, lui Benvenuto s'était mis à faire l'inspection de sa chambre.

Or voici ce que contenaient les quatre murs de son nouveau logement : un lit, une cheminée où l'on pouvait faire du feu, une table et deux chaises. Deux jours après, Benvenuto obtint de la terre et un outil à modeler. Le gouverneur avait refusé d'abord ces objets de distraction à son prisonnier, mais il s'était ravisé en réfléchissant qu'en occupant l'esprit de l'artiste il le détournerait peut-être de cette tenace idée d'évasion dont il avait paru possédé; le jour même Benvenuto ébaucha une Vénus colossale.

Tout cela n'était pas grand'chose; mais en y ajoutant l'imagination, la patience et l'énergie, c'était beaucoup.

Un jour de décembre qu'il faisait très-froid et qu'on avait allumé du feu dans la cheminée de Benvenuto Cellini, on vint changer les draps de son lit et l'on oublia les draps sur la seconde chaise; aussitôt que la porte fut refermée, Benvenuto ne fit qu'un bond de sa chaise à son grabat, tira de sa paillasse deux énormes poignées de ces feuilles de maïs qui composent les paillasses italiennes, fourra à leur place la paire de draps, revint à sa statue, reprit son outil et se remit au travail. Au même instant le domestique rentra pour reprendre les draps oubliés, chercha partout, demandant à Benvenuto s'il ne les avait pas vus; mais Benvenuto répondit négligemment et comme absorbé par son travail de modeleur que quelques-uns de ses camarades étaient sans doute venus les prendre, ou que lui-même les avait emportés sans y prendre garde. Le domestique ne conçut aucun soupçon, tant il s'était écoulé peu de temps entre sa sortie et sa rentrée, et surtout tant Benvenuto joua naturellement son rôle; et comme les draps ne se retrouvèrent point, il se garda bien d'en parler de peur d'être forcé de les payer ou d'être mis à la porte.

On ne sait pas ce que les événements suprêmes contiennent de péripéties terribles et d'angoisses poignantes. Alors les accidents les plus communs de la vie deviennent des circonstances qui éveillent en nous la joie ou le désespoir. Dès que le domestique fut sorti, Benvenuto se jeta à genoux et remercia Dieu du secours qu'il lui envoyait.

Puis, comme une fois son lit fait on ne retouchait jamais à son lit que le lendemain matin, il laissa tranquillement les draps détournés dans sa paillasse.

La nuit venue, il commença à couper ces draps, qui se trouvèrent par bonheur neufs et assez grossiers, en bandes de trois ou quatre pouces de large, puis il se mit à les tresser le plus solidement qu'il lui fut possible; puis enfin il ouvrit le ventre de sa statue, qui était en terre glaise, l'évida entièrement, y fourra son trésor, repassa dessus la blessure une pincée de terre, qu'il lissa avec le pouce et avec son outil, si bien que le plus habile praticien n'eût pas pu s'apercevoir qu'on venait de faire à la pauvre Vénus l'opération césarienne.

Le lendemain matin le gouverneur entra à l'improviste, comme il avait l'habitude de le faire, dans la chambre du prisonnier, mais comme d'habitude il le trouva calme et travaillant. Chaque matin le pauvre homme, qui avait été menacé spécialement pour la nuit, tremblait de trouver la chambre vide. Et il faut le dire à la louange de sa franchise, il ne cachait pas sa joie chaque matin en la voyant occupée.

— Je vous avoue que vous m'inquiétez terriblement, Benvenuto, dit le pauvre gouverneur au prisonnier ; cependant je commence à croire que vos menaces d'évasion étaient vaines.

—Je ne vous menace pas, maître Georgio, répondit Benvenuto, je vous avertis.

— Espérez-vous donc toujours vous envoler?

— Ce n'est heureusement pas une simple espérance, mais pardieu bien une certitude.

— Mais, demonio, comment ferez-vous

donc? s'écria le pauvre gouverneur, que cette confiance apparente ou réelle de Benvenuto, dans ses moyens d'évasion bouleversait.

— C'est mon secret, maître. Mais, je vous en préviens, mes ailes poussent.

Le gouverneur porta machinalement les yeux aux épaules de son prisonnier.

— C'est comme cela, monsieur le gouverneur, reprit celui-ci tout en modelant sa statue, dont il arrondissait les hanches, de telle façon qu'on eût cru qu'il voulait en faire la rivale de la Vénus Callipyge. Il y a lutte et défi entre nous. Vous avez pour vous des tours énormes, des portes épaisses, des verrous à l'épreuve, mille gardiens toujours prêts; j'ai pour moi la tête et les mains que voici, et je vous préviens très-simplement que vous serez vaincu. Seulement, comme vous êtes un homme habile, comme vous aurez pris toutes vos précautions, il vous restera, moi parti, la consolation de savoir qu'il n'y a pas de votre faute, messire Georgio, que vous n'avez pas le plus petit reproche à vous faire, messire Georgio, et que vous n'avez rien négligé pour me retenir, messire Georgio. Là, maintenant, que dites-vous de cette hanche? car vous êtes amateur d'art, je le sais.

Tant d'assurance exaspérait le pauvre commandant. Son prisonnier était devenu pour lui une idée fixe où se brouillaient tous les yeux de son entendement; il en devenait triste, n'en mangeait plus et tressaillait à tout moment, comme un homme qu'on réveille en sursaut. Une nuit Benvenuto entendit un grand tumulte sur la plate-forme, puis ce tumulte s'avança dans son corridor, puis enfin il s'arrêta à sa porte; alors sa porte s'ouvrit, et il aperçut messire Georgio, en robe de chambre et en bonnet de nuit, suivi de quatre geôliers et de huit gardes, lequel s'élança vers son lit la figure toute décomposée.—Benvenuto s'assit sur son matelas et lui rit au nez.—Le gouverneur, sans s'inquiéter de ce sourire, respira comme un plongeur qui revient sur l'eau.

— Ah! s'écria-t-il, Dieu soit loué, il y est encore, le malheureux!—On a raison de dire : Songe—mensonge.

— Eh bien! qu'y a-t-il donc, demanda Benvenuto Cellini, et quelle est l'heureuse circonstance qui me procure le plaisir de vous voir à pareille heure, maître Georgio ?

— Jésus Dieu ! ce n'est rien, et j'en suis quitte cette fois encore pour la peur. N'ai-je pas été rêver que ces maudites ailes vous étaient poussées ; — mais des ailes immenses, avec lesquelles vous planiez tranquillement au-dessus du château Saint-Ange, en me disant : — Adieu, mon cher gouverneur, adieu ! je n'ai pas voulu partir sans prendre congé de vous ; je m'en vais ; au plaisir de ne jamais vous revoir.

— Comment ! je vous disais cela, maître Georgio ?

— C'étaient vos propres paroles.— Ah! Benvenuto, vous êtes le mal-venu pour moi.

— Oh! vous ne me tenez pas pour si mal-appris, je l'espère. Heureusement que ce n'est qu'un rêve, car sans cela je ne vous le pardonnerais pas.

— Mais par bonheur il n'en est rien. Je vous tiens, mon cher ami, et, quoique votre société ne me soit pas des plus agréables, je dois le dire, j'espère vous tenir long-temps encore.

— Je ne crois pas, répondit Benvenuto avec ce sourire confiant qui faisait damner son hôte.

Le gouverneur sortit en envoyant Benvenuto à tous les diables, et le lendemain il donna ordre que nuit et jour, et de deux heures en deux heures, on vînt inspecter sa prison. Cette inspection dura pendant un mois; mais au bout d'un mois, comme il n'y avait aucun motif visible de croire que Benvenuto s'occupât même de son évasion, la surveillance se ralentit.

Ce mois, Benvenuto l'avait cependant employé à un terrible travail.

Benvenuto avait, comme nous l'avons dit, minutieusement examiné sa chambre du moment où il y était entré, et de ce moment il avait été fixé sur ses moyens d'évasion. Sa fenêtre était grillée, et les barreaux étaient trop forts pour être enlevés avec la main ou déchaussés avec son outil à modeler, le seul instrument de fer qu'il possédât. Quant à sa cheminée, elle se rétrécissait au point qu'il eût fallu que le prisonnier eût le privilége de se changer en serpent comme la fée Mélusine pour y passer. Restait la porte.

Ah! la porte! Voyons un peu comment était faite la porte.

La porte était une porte de chêne épaisse de deux doigts, fermée par deux serrures, close par quatre verrous, et recouverte en dedans de plaques de fer maintenues en haut et en bas par des clous.

C'était par cette porte qu'il fallait passer.

Car Benvenuto avait remarqué qu'à quelques pas de cette porte et dans le corridor qui y conduisait était l'escalier par lequel on allait relever la sentinelle de la plate-forme. De deux heures en deux heures, Benvenuto entendait donc le bruit des pas qui montaient; puis les pas redescendaient, et il en avait pour deux autres heures sans être réveillé par aucun bruit.

Il s'agissait donc tout simplement de se trouver de l'autre côté de cette porte de chêne, épaisse de deux doigts, fermée par deux serrures, close par quatre verrous et, de plus, recouverte en dedans, comme nous l'avons dit, de plaques de fer maintenues en haut et en bas par des clous.

Or, voici le travail auquel Benvenuto s'était livré pendant ce mois qui venait de s'écouler.

Avec son outil à modeler, qui était en fer, il avait, l'une après l'autre, enlevé toutes les têtes de clous, à l'exception de quatre en haut et de quatre en bas qu'il réservait pour le dernier jour; puis, pour qu'on ne s'aperçût pas de leur absence, il les avait remplacées par des têtes de clous exactement pareilles qu'il avait modelées avec de la glaise et qu'il avait recouvertes avec de la raclure de fer, de sorte qu'il était impossible à l'œil le plus exercé de reconnaître les têtes de clous véritables d'avec les têtes de clous fausses. Or, comme il y avait, tant en haut qu'en bas de la porte, une soixantaine de clous, que chaque clou prenait quelquefois une heure, même deux heures à décapiter, on comprend le travail qu'avait dû donner au prisonnier une pareille exécution.

Puis chaque soir, lorsque tout le monde était couché et qu'il n'entendait plus que le bruit des pas de la sentinelle qui se promenait au-dessus de sa tête, il faisait grand feu dans sa cheminée et transportait de sa cheminée, le long des plaques de fer de sa porte, un amas de braises ardentes; alors le fer rougissait et réduisait tout doucement en charbon le bois sur lequel il était appliqué, sans que cependant du côté opposé de la porte on pût s'apercevoir de cette carbonisation.

Pendant un mois, comme nous l'avons dit, Benvenuto se livra à ce travail; mais aussi au bout d'un mois il était complétement achevé, et le prisonnier n'attendait plus qu'une nuit favorable à son évasion. Or, il lui fallait attendre quelques jours encore, car à l'époque même où ce travail fut fini il faisait pleine lune.

Benvenuto n'avait plus rien à faire à ses clous, il continua de chauffer la porte et de faire enrager le gouverneur. Ce jour-là même le gouverneur entra chez lui plus préoccupé que jamais.

— Mon cher prisonnier, lui dit le brave homme, qui en revenait sans cesse à son idée fixe, est-ce que vous comptez toujours vous envoler? Voyons, répondez-moi franchement.

— Plus que jamais, mon cher hôte, lui répondit Benvenuto.

— Ecoutez, dit le gouverneur, vous me conterez tout ce que vous voudrez ; mais, franchement, je crois la chose impossible.

— Impossible, maître Georgio, impossible! reprit l'artiste, mais vous savez bien que ce mot-là n'existe pas pour moi qui me suis toujours exercé à faire les choses les plus impossibles aux hommes, et cela avec succès. Impossible, mon cher hôte! et ne me suis-je pas amusé quelquefois à rendre la nature jalouse en créant avec de l'or, des émeraudes et des diamants quelque fleur plus belle qu'aucune des fleurs qu'emperle la rosée? Croyez-vous que celui qui fait des fleurs ne puisse pas faire des ailes?

— Que Dieu m'assiste, dit le gouverneur, mais avec votre confiance insolente vous me ferez perdre la tête! Mais enfin, pour que ces ailes pussent vous soutenir dans les airs, ce qui, je vous l'avoue, me paraît impossible, à moi, quelle forme leur donneriez-vous?

— Mais j'y ai beaucoup réfléchi, comme vous pouvez bien le penser, puisque la sûreté de ma personne dépend de la forme de ces ailes.

— Eh bien?

— Eh bien, en examinant tous les animaux qui volent, si je voulais refaire par l'art ce qu'ils ont reçu de Dieu, je ne vois guère que la chauve-souris que l'on puisse imiter avec succès.

— Mais enfin, Benvenuto, reprit le gouverneur, quand vous auriez le moyen de vous fabriquer une paire d'ailes, est-ce qu'au moment de vous en servir le courage ne vous manquerait pas?

— Donnez-moi ce qu'il me faut pour les confectionner, mon cher gouverneur, et je vous répondrai en m'envolant.

— Mais que vous faut-il donc?

— Oh! mon Dieu, presque rien : une petite forge, une enclume, des limes, des tenailles et des pinces pour fabriquer les ressorts, et une vingtaine de bras de toile cirée pour remplacer les membranes.

— Bon, bon, dit maître Georgio, me voilà un peu rassuré, car jamais, quelle que soit votre intelligence, vous ne parviendrez à vous procurer tout cela ici.

— C'est fait, répondit Benvenuto.

Le gouverneur bondit sur sa chaise, mais au même instant il réfléchit que la chose était matériellement impossible. Cependant, tout impossible que cette chose était, elle ne laissait pas un instant de relâche à sa pauvre tête. A chaque oiseau qui passait devant sa fenêtre, il se figurait que c'était Benvenuto Cellini, tant est grande l'influence d'une puissante pensée sur une pensée médiocre.

Le même jour, maître Georgio envoya chercher le plus habile mécanicien de Rome et lui ordonna de lui prendre mesure d'une paire d'aile de chauve-souris.

Le mécanicien, stupéfait, regarda le gouverneur sans lui répondre, pensant avec quelque raison que maître Georgio était devenu fou.

Mais comme maître Georgio insista, que maître Georgio était riche, et que, s'il faisait des folies, maître Georgio avait le moyen de les payer, le mécanicien ne s'en mit pas moins à la besogne commandée, et huit jours après il lui apporta une paire d'ailes magnifiques qui s'adaptaient au corps par un corset de fer et qui se mouvaient à l'aide de ressorts extrêmement ingénieux avec une régularité tout à fait rassurante.

Maître Georgio paya la mécanique le prix convenu, mesura la place que pouvait tenir cet appareil, monta chez Benvenuto Cellini, et, sans rien dire, bouleversa toute la chambre, regardant sous le lit, guignant dans la cheminée, fouillant dans la paillasse et ne laissant pas le plus petit coin sans l'avoir visité.

Puis il sortit, toujours sans rien dire, convaincu qu'à moins que Benvenuto ne fût sorcier, il ne pouvait cacher dans sa chambre une paire d'ailes pareilles aux siennes.

Il était évident que la tête du malheureux gouverneur se dérangeait de plus en plus.

En redescendant chez lui, maître Georgio retrouva le mécanicien; il était revenu pour lui faire observer qu'il y avait au bout de chaque aile un cercle de fer destiné à maintenir les jambes de l'homme volant dans une position horizontale.

A peine le mécanicien fut-il sorti que maître Georgio s'enferma, mit son corset, déploya ses ailes, accrocha ses jambes, et se couchant à plat ventre, essaya de s'envoler.

Mais, malgré tous ses efforts, il ne put parvenir à quitter la terre.

Après deux ou trois essais du même

genre, il envoya quérir de nouveau le mécanicien.

— Monsieur, lui dit-il, j'ai essayé vos ailes, elles ne vont pas.

— Comment les avez-vous essayées?

Maître Georgio lui raconta dans tous ses détails sa triple expérience. Le mécanicien l'écouta gravement, puis, le discours fini :

— Cela ne m'étonne pas, dit-il. Couché à terre, vous ne pouvez prendre une somme suffisante d'air : il vous faudrait monter sur le château Saint-Ange et de là vous laisser aller hardiment dans l'espace.

— Et vous croyez qu'alors je volerais?

— J'en suis sûr, dit le mécanicien.

— Mais si vous en êtes si sûr, continua le gouverneur, est-ce qu'il ne vous serait pas égal d'en faire l'expérience?

— Les ailes sont taillées au poids de votre corps et non au poids du mien, répondit le mécanicien. Il faudrait à des ailes qui me seraient destinées un pied et demi d'envergure de plus.

Et le mécanicien salua et sortit.

— Diable! fit maître Georgio.

Toute la journée on put remarquer dans l'esprit de maître Georgio différentes aberrations qui indiquaient que sa raison, comme celle de Roland, voyageait de plus en plus dans les espaces imaginaires.

Le soir, au moment de se coucher, il appela tous les domestiques, tous les geôliers, tous les soldats.

— Messieurs, dit-il, si vous apprenez que Benvenuto Cellini veut s'envoler, laissez-le partir et prévenez-moi seulement, car je saurai bien, même pendant la nuit, le rattraper sans peine, attendu que je suis une vraie chauve-souris, moi, tandis que lui, quoi qu'il en dise, il n'est qu'une fausse chauve-souris.

Le pauvre gouverneur était tout à fait fou; mais, comme on espéra que la nuit le calmerait, on décida qu'on attendrait au lendemain pour prévenir le pape.

D'ailleurs il faisait une nuit abominable, pluvieuse et sombre, et personne ne se souciait de sortir par une pareille nuit;

Excepté Benvenuto Cellini, qui, par esprit de contradiction sans doute, avait choisi cette nuit-là même pour son évasion.

Aussi, dès qu'il eut entendu sonner dix heures et relever la sentinelle, tomba-t-il à genoux et, après avoir dévotement prié Dieu, se mit-il à l'œuvre.

D'abord, il arracha les quatre têtes de clous qui restaient et qui maintenaient seules les plaques de fer. La dernière venait de céder quand minuit sonna.

Benvenuto entendit les pas de la ronde qui montait sur la terrasse; il demeura sans souffle collé à sa porte, puis la ronde descendit, les pas s'éloignèrent et tout rentra dans le silence.

La pluie redoublait, et Benvenuto, le cœur bondissant de joie, l'entendait fouetter contre ses carreaux.

Il essaya alors d'arracher les plaques de fer; les plaques de fer, que rien ne maintenait plus, cédèrent, et Benvenuto les posa les unes après les autres contre le mur.

Puis il se coucha à plat ventre, attaquant le bas de la porte avec son outil à modeler, qu'il avait aiguisé en forme de poignard et emmanché dans un morceau de bois. Le bas de la porte céda : le chêne était complétement réduit en charbon.

Au bout d'un instant Benvenuto avait pratiqué au bas de la porte une échancrure assez grande pour qu'il pût sortir en rampant.

Alors il rouvrit le ventre de sa statue, reprit ses bandes de toile tressées, les roula autour de lui en ceinture, s'arma de son outil, dont, comme nous l'avons dit, il avait fait un poignard, se remit à genoux et pria une seconde fois.

Puis il passa la tête sous la porte, puis les épaules, puis le reste du corps, et se trouva dans le corridor.

Il se releva; mais les jambes lui tremblaient tellement qu'il fut forcé de s'appuyer au mur pour ne pas tomber. Son cœur battait à lui briser la poitrine, sa tête était de flamme. Une goutte de sueur tremblait à chacun de ses cheveux, et il serrait le manche de son poignard dans sa main comme si on eût voulu le lui arracher.

Cependant, comme tout était tranquille, comme on n'entendait aucun bruit, comme rien ne bougeait, Benvenuto fut bientôt remis, et, tâtant avec la main, il suivit le mur du corridor jusqu'à ce qu'il sentit que le mur lui manquait. Il avança aussitôt le pied et toucha la première marche de l'escalier ou plutôt de l'échelle qui conduisait à la plate-forme.

Il monta les échelons un à un, frissonnant au cri du bois qui gémissait sous ses pieds, puis il sentit l'impression de l'air, puis la pluie vint lui battre le visage, puis sa tête dépassa le niveau de la plate-forme; et comme il était depuis un quart d'heure dans la plus profonde obscurité, il put juger aussitôt tout ce qu'il avait à craindre ou à espérer.

La balance penchait du côté de l'espoir.

La sentinelle, pour se garantir de la pluie, s'était réfugiée dans sa guérite. Or, comme les sentinelles qui montaient la garde sur le château Saint-Ange étaient placées là, non pas pour inspecter la plateforme, mais pour plonger dans le fossé et explorer la campagne, le côté fermé de la guérite était justement placé en face de l'escalier par lequel sortait Benvenuto Cellini.

Benvenuto Cellini s'avança en silence, en se traînant sur ses pieds et sur ses mains, vers le point de la plate-forme le plus éloigné de la guérite. Là, il attacha un bout de sa bande à une brique antique scellée dans le mur et qui saillait de six pouces à peu près, puis se jetant à genoux une troisième fois :

— Seigneur, seigneur, murmura-t-il, aidez-moi, puisque je m'aide.

Et cette prière faite, il se laissa glisser en se suspendant par les mains, et sans faire attention aux écorchures de ses genoux et de son front, qui de temps en temps éraflaient la muraille, il se laissa glisser jusqu'à terre.

Lorsqu'il sentit le sol sous ses pieds, un sentiment de joie et d'orgueil infini nonda sa poitrine. Il regarda l'immense hauteur qu'il avait franchie, et en la regardant il ne put s'empêcher de dire à demi-voix : « Me voilà donc libre ! » Ce moment d'espoir fut court.

Il se retourna et ses genoux fléchirent : devant lui s'élevait un mur récemment bâti, un mur qu'il ne connaissait pas : il était perdu.

Tout sembla s'anéantir en lui, et, désespéré, il se laissa tomber à terre ; mais en tombant il se heurta à quelque chose de dur : c'était une longue poutre; il poussa une légère exclamation de surprise et de joie : il était sauvé!!!

Oh! l'on ne sait pas tout ce qu'une minute de la vie humaine peut contenir d'alternatives de joie et d'espérance.

Benvenuto saisit la poutre comme un naufragé saisit le mât qui doit le soutenir sur l'eau. Dans une circonstance ordinaire, deux hommes eussent eu de la peine à la soulever; il la traîna vers le mur, la dressa contre lui.

Puis à la force des mains et des genoux il se hissa sur le faîte du mur; mais, arrivé là, la force lui manqua pour tirer la poutre à lui et la faire passer de l'autre côté.

Un instant il eut le vertige, la tête lui tourna, il ferma les yeux et il lui sembla qu'il se débattait dans un lac de flammes.

Tout à coup il songea à ses bandes de toile tressées à l'aide desquelles il était descendu de la plate-forme.

Il se laissa glisser le long de la poutre et courut à l'endroit où il les avait laissées pendantes, mais il les avait si bien attachées par l'extrémité opposée qu'il ne put les arracher de la brique qui les retenait.

Benvenuto se suspendit en désespéré à l'extrémité de ces bandes, tirant de toutes ses forces et espérant les rompre. Par bonheur, un des quatre nœuds qui les attachaient les unes aux autres glissa, et Benvenuto tomba à la renverse, entraînant avec lui un fragment de cordage d'une douzaine de pieds.

C'était tout ce qu'il lui fallait : il se releva bondissant et plein de forces nouvelles, remonta de nouveau à sa poutre, enjamba une seconde fois le mur, et à l'extrémité de la solive il attacha la bande de toile.

Arrivé au bout, il chercha vainement la terre sous ses pieds ; mais en regardant au-dessous de lui il vit le sol à six pieds à peine : il lâcha la corde et se trouva à terre.

Alors il se coucha un instant. — Il était épuisé, ses jambes et ses mains étaient dépouillées de leur épiderme. — Pendant quelques minutes, il regarda stupidement ses chairs saignantes; mais en ce moment cinq heures sonnèrent, il vit que les étoiles commençaient à pâlir.

Il se leva ; mais comme il se levait, une sentinelle qu'il n'avait pas aperçue et qui l'avait sans doute vu accomplir son manége fit quelques pas pour venir à lui. Benvenuto vit qu'il était perdu et qu'il fallait tuer ou être tué. Il prit son outil, qu'il avait passé dans sa ceinture, et marcha droit au soldat d'un air si déterminé que celui-ci vit sans doute qu'outre un homme vigoureux il allait avoir un désespoir terrible à combattre. En effet, Benvenuto était résolu à ne pas reculer, mais tout à coup le soldat lui tourna le dos comme s'il ne l'avait pas vu. Le prisonnier comprit ce que cela voulait dire.

Il courut au dernier rempárt. Ce rempart donnait près du fossé et était élevé de douze ou quinze pieds à peu près. Un pareil saut ne devait pas arrêter un homme comme Benvenuto Cellini, arrivé surtout où il en était ; et comme il avait laissé la première partie de ses bandes à la brique, la seconde à la poutre, qu'il ne lui restait plus rien après quoi se suspendre et qu'il n'y avait pas de temps à perdre, il se suspendit par les mains à un anneau, et, tout en priant Dieu mentalement, il se laissa tomber.

Cette fois il resta évanoui sur le coup.

Une heure à peu près s'écoula sans qu'il revînt à lui ; mais la fraîcheur qui court dans l'air à l'approche du jour le rappela à lui-même. Il demeura un instant encore comme étourdi, puis il passa la main sur son front et tout lui revint à la mémoire.

Il ressentait à la tête une vive douleur, en même temps il voyait des gouttes de sang qui, après avoir ruisselé comme de la sueur sur son visage, tombaient sur les pierres où il était couché. Il comprit qu'il était blessé au front. Il y porta la main une seconde fois, mais cette fois non plus pour rappeler ses idées, mais pour sonder ses blessures : ces blessures étaient légères, elles entamaient la peau, mais n'offensaient pas le crâne. Benvenuto sourit et voulut se lever, mais il retomba aussitôt : il avait la jambe droite cassée à trois pouces au-dessus de la cheville.

Cette jambe était tellement engourdie qu'il n'avait d'abord pas senti la douleur.

Alors il ôta sa chemise, la déchira par

bandes, puis, rapprochant le mieux qu'il put les os de sa jambe, il la serra de toutes ses forces, passant de temps en temps sa bande sous la plante du pied, pour maintenir les deux os l'un contre l'autre.

Puis il se traîna à quatre pattes vers une des portes de Rome qui était à cinq cents pas de là.

Lorsque, après une demi-heure d'atroces tortures, il arriva à cette porte, il trouva qu'elle était fermée. Mais il remarqua une grosse pierre qui était sous la porte; il tira cette pierre, qui céda facilement, et il passa par l'ouverture qu'elle avait laissée.

Mais à peine eut-il fait trente pas qu'une troupe de chiens errants et affamés, comprenant qu'il était blessé à l'odeur du sang, se jetèrent sur lui. Il tira son outil à modeler, et d'un coup dans le flanc il tua le plus gros et le plus acharné. Les autres se jetèrent aussitôt sur celui-là et le dévorèrent.

Benvenuto se traîna alors jusqu'à l'église de la Traspontina; là il rencontra un porteur d'eau qui venait de charger son âne et avait rempli ses pots. Il l'appela.

— Écoute, lui dit-il, je me trouvais chez ma maîtresse, une circonstance a fait qu'après y être entré par la porte j'ai été obligé d'en sortir par la fenêtre : j'ai sauté d'un premier étage et je me suis cassé la jambe en sautant; porte-moi sur les marches de Saint-Pierre et je te donnerai un écu d'or.

Le porteur d'eau chargea sans mot

dire le blessé sur ses épaules et le porta à l'endroit indiqué. Puis, ayant reçu la somme promise, il continua son chemin sans même regarder derrière lui.

Alors Benvenuto, toujours rampant, gagna la maison de monseigneur de Montluc, ambassadeur de France, qui demeurait à quelques pas de là.

Et monseigneur de Montluc fit si bien et s'employa avec tant de zèle, qu'au bout d'un mois Benvenuto était guéri, qu'au bout de deux mois il avait sa grâce, et qu'au bout de quatre mois il partait pour la France avec Ascanio et Pagolo.

Quant au pauvre gouverneur, qui était devenu fou, il vécut fou et mourut fou, croyant toujours être une chauve-souris et faisant sans cesse les plus grands efforts pour s'envoler.

CHAPITRE IV.

SCOZZONE.

Lorsque Benvenuto Cellini arriva en France, François Ier était au château de Fontainebleau avec toute sa cour : l'artiste rencontra donc celui qu'il venait chercher et s'arrêta dans la ville, faisant prévenir le cardinal de Ferrare qu'il était arrivé. Le cardinal, qui savait que le roi attendait

Benvenuto avec impatience, transmit aussitôt cette nouvelle à Sa Majesté. Le même jour, Benvenuto fut reçu par le roi, qui, s'adressant à lui dans cette douce et vigoureuse langue que l'artiste écrivait si bien, lui dit : — Benvenuto, passez gaîment quelques jours pour vous remettre de vos chagrins et de vos fatigues, reposez-vous, divertissez-vous et pendant ce temps nous songerons à vous commander quelque bel ouvrage. — Puis, ayant logé l'artiste au château, François Ier ordonna qu'il ne lui manquât rien.

Benvenuto se trouva donc du premier coup au centre de la civilisation française, en arrière à cette époque de celle d'Italie, avec laquelle elle luttait déjà et qu'elle devait surpasser bientôt...... En regardant autour de lui, il pouvait facilement croire qu'il n'avait pas quitté la capitale de la Toscane, car il se retrouvait au milieu des arts et des artistes qu'il avait connus à Florence, et à Léonard de Vinci, et à maître Rosso venait de succéder le Primatice.

Il s'agissait donc pour Benvenuto de faire suite à ces illustres prédécesseurs, et de porter aux yeux de la cour la plus galante de l'Europe l'art de la statuaire aussi haut que ces trois grands maîtres avaient porté l'art de la peinture. Aussi Benvenuto voulut-il aller de lui-même au-devant des désirs du roi en n'attendant point qu'il lui commandât ce bel ouvrage promis, mais en l'exécutant tout d'abord de son propre mouvement et avec ses seules ressources. Il avait remarqué facilement combien la résidence où il avait rencontré le roi lui était chère, il résolut de flatter sa préférence en exécutant une statue qu'il comptait appeler la Nymphe de Fontainebleau.

C'était une belle chose à faire, que cette statue, couronnée à la fois de chênes, d'épis et de vignes ; car Fontainebleau touche à la plaine, s'ombrage d'une forêt et s'élève au milieu des treilles. La nymphe que rêvait Benvenuto devait donc tenir à la fois de Cérès, de Diane et d'Érigone, trois types merveilleux fondus ensemble, et qui, tout en restant distincts, ne devaient plus en produire qu'un seul ; puis il y aurait sur le piédestal les triples attributs de ces trois déesses, et ceux qui ont vu les ravissantes figurines de la statue de Persée savent comment le maître florentin ciselait ces merveilleux détails.

Mais un des grands malheurs de l'artiste, c'est que tout en ayant en lui-même le sentiment idéal de la beauté il lui fallut encore pour la partie matérielle de son œuvre un modèle humain. — Or, où trouver ce modèle qui devait réunir en lui seul la triple beauté des trois déesses.

Certes, si comme aux jours antiques, si comme au temps des Phidias et des Apelle, les beautés du jour, ces reines de la forme, étaient venues d'elles-mêmes poser devant l'artiste, Benvenuto eût trouvé dans la cour même ce qu'il cherchait; il y avait là tout un Olympe dans la fleur de l'âge : c'était Catherine de Médicis, qui n'avait alors que vingt-un ans; c'était Marguerite de Valois, reine de Navarre, qu'on appelait la quatrième Grâce et la dixième Muse; c'était enfin madame la duchesse d'Étampes, que nous verrons reparaître largement dans le courant de cette histoire, et que l'on nommait la plus belle des savantes et la plus savante des belles. Il y avait là plus qu'il n'en fallait à l'artiste; mais nous l'avons dit, on n'en était plus à l'époque des Apelle et des Phidias.

Benvenuto devait chercher autre part.

Ce fut donc avec grand plaisir qu'il apprit que la cour allait partir pour Paris; malheureusement, comme le dit Benvenuto lui-même, la cour à cette époque voyageait comme un enterrement. Précédée de douze à quinze mille chevaux, s'arrêtant dans un endroit où il y avait à peine deux ou trois maisons, perdant quatre heures chaque soir à dresser ses tentes et quatre heures chaque matin à les enlever, de sorte que, quoique seize lieues à peine séparassent la résidence de la capitale, on mit cinq jours à aller de Fontainebleau à Paris.

Vingt fois pendant la route Benvenuto Cellini avait été tenté de prendre les devants, mais chaque fois le cardinal de Ferrare l'avait retenu, lui disant que si le roi était une journée sans le voir il demanderait certainement ce qu'il était devenu, et qu'en apprenant qu'il était parti il regarderait ce départ sans congé comme un manque de procédés à son égard. Benvenuto rongeait donc son frein, et pendant ces longues haltes essayait de tuer le temps en crayonnant des esquisses de sa nymphe de Fontainebleau.

Enfin il arriva à Paris. Sa première visite fut pour le Primatice, chargé de continuer à Fontainebleau l'œuvre de Léonard de Vinci et de maître Rosso. Le Primatice, qui habitait Paris depuis longtemps, devait du premier coup le mettre sur la voie de ce qu'il cherchait et lui dire où il trouverait des modèles.

Un mot, en passant, sur le Primatice.

Il signor Francesco Primaticcio, que du lieu de sa naissance on nommait alors Bologna, et que nous nommons, nous, le Primatice, élève de Jules Romain, sous lequel il avait étudié six ans, habitait depuis huit ans la France, où, sur l'avis du marquis de Mantoue, son grand embaucheur d'artistes, François Ier l'avait appelé. C'était un homme, comme on peut le voir à Fontainebleau, d'une prodigieuse fécondité, d'une manière large et grandiose, d'une irréprochable pureté de lignes. On a long-temps méconnu le Primatice, tête encyclopédique, vaste intelligence, talent illimité qui embrassa tous les genres de la haute peinture et que notre époque a vengé de trois siècles d'injustice. En effet, sous l'inspiration religieuse, il peignit les tableaux de la chapelle de Beauregard ; dans les sujets de morale, il personnifia à l'hôtel Montmorency les principales vertus chrétiennes ; enfin, l'immensité de Fontainebleau fut remplie de ses œuvres : à la Porte-Dorée et dans la salle de bal il traita les sujets les plus gracieux de la mythologie et de l'allégorie ; dans la galerie d'Ulysse et dans la chambre de Saint-Louis il fut poète épique avec Homère et traduisit en peinture l'Odyssée et tout une partie de l'Iliade. Puis des âges fabuleux il passa aux temps héroïques, et l'histoire tomba dans son domaine. Les traits principaux de la vie d'Alexandre et de Romulus et la reddition du Hâvre furent reproduits dans ceux de ses tableaux qui décoraient la grande galerie et la chambre attenante à la salle du bal; il s'en prit à la nature dans les grands paysages du cabinet des curiosités. Enfin, si nous voulons mesurer ce haut talent, compter ses variétés, additionner son œuvre, nous trouverons que dans quatre-vingt-dix-huit grands tableaux et dans cent trente plus petits il a tour à tour traité le paysage, la marine, l'histoire, les sujets de sainteté, le portrait, l'allégorie et l'épopée.

C'était, comme on le voit, un homme digne de comprendre Benvenuto. Aussi, à peine arrivé à Paris, Benvenuto courutil au Primatice les bras ouverts ; celui-ci le reçut comme il venait.

Après cette première et profonde causerie de deux amis qui se retrouvent sur une terre étrangère, Benvenuto ouvrit ses cartons au Primatice, lui expliqua toutes ses idées, lui montra toutes ses esquisses, et lui demanda si parmi les modèles dont il se servait il y en avait quelqu'un qui pût remplir les conditions dont il avait besoin.

Le Primatice secoua la tête en souriant d'un air triste.

En effet, on n'était plus là en Italie, cette fille de la Grèce, rivale de sa mère. La France était, à cette époque, comme aujourd'hui, la terre de la grâce, de la gentillesse et de la coquetterie; mais l'on cherchait en vain sur le sol des Valois cette puissante beauté dont s'inspiraient aux bords du Tibre et de l'Arno Michel-Ange et Raphaël, Jean de Bologne et André del Sarto. Sans doute, si, comme nous l'avons déjà dit, le peintre ou le sculpteur eût pu aller choisir son modèle parmi l'aristocratie, il eût trouvé bientôt les types qu'il cherchait; mais, comme les ombres retenues en deçà du Styx, il devait se contenter de voir passer dans les champs élyséens, dont l'entrée lui était interdite, ces belles et nobles formes, objets constants de son artistique éducation.

Aussi ce que le Primatice avait prévu arriva : Benvenuto passa en revue l'armée de ses modèles sans qu'un seul lui parût réunir les qualités nécessaires à l'œuvre qu'il rêvait.

Alors il fit venir à l'hôtel du cardinal de Ferrare, où il s'était installé, toutes les Vénus à un écu la séance qu'on lui enseigna, mais aucune d'elles ne remplit son attente.

Benvenuto était donc désespéré, lorsqu'un soir, comme il revenait de souper avec trois de ses compatriotes qu'il avait rencontrés à Paris et qui étaient le seigneur Pierre Strozzi, le comte de l'Anguillara, son beau-frère, Galeotto Pico, neveu du fameux Jean Pic de la Mirandole, et comme il suivait seul la rue des Petits-Champs, il avisa devant lui une belle et gracieuse jeune fille. Benvenuto tressaillit de joie : cette femme était jusqu'alors ce qu'il avait rencontré de mieux pour donner un corps à son rêve. Il suivit cette femme.

Si l'art ne purifiait pas tout, nous éprouverions quelque difficulté à raconter ce qu'on va lire, et cependant ce qu'on va lire est chose toute simple et qui arrive tous les jours.

Benvenuto suivit donc cette femme : elle prit par la butte des Orties, longea l'église Saint-Honoré et entra dans la ru du Pélican. Arrivée là, elle se retourna pour voir si elle était toujours suivie, et, voyant Benvenuto à quelques pas, elle poussa vivement une porte et disparut. Benvenuto arriva à la porte, la poussa à son tour ; la porte céda, et cela assez à temps pour qu'il vît encore à l'angle d'un escalier éclairé par une lampe fumeuse l bout de la robe de celle qu'il suivait.

Il arriva à un premier étage : une seconde porte donnant dans une chambre était entr'ouverte, et dans cette chambre il aperçut celle qu'il avait suivie.

Sans lui expliquer le motif de sa visite artistique, sans même lui dire un seul mot, Benvenuto, voulant s'assurer si les formes du corps répondaient aux lignes du visage, fit deux ou trois fois le tour de a pauvre fille étonnée, et qui obéissait machinalement, comme il eût fait le tour d'une statue antique, lui faisant lever les bras au-dessus de la tête, attitude qu'il comptait donner à sa nymphe de Fontainebleau.

Il y avait dans le modèle que Benvenuto avait sous les yeux peu de la Cérès, encore moins de la Diane, mais beaucoup de l'Érigone. Le maître prit alors son parti, et, voyant l'impossibilité de réunir ces trois types, résolut de s'en tenir à la Bacchante.

Mais pour la Bacchante il avait véritablement trouvé ce qu'il cherchait : — yeux ardents, lèvres de corail, dents de perles, cou bien emmanché, épaules arrondies, taille fine et hanches puissantes; enfin les pieds et les mains avaient dans les fines attaches des chevilles et des poignets, et dans la forme allongée des doigts, une teinte d'aristocratie qui décida tout à fait l'artiste.

— Comment vous nommez-vous, mademoiselle? demanda enfin Benvenuto, avec son accent étranger, à la pauvre enfant, de plus en plus étonnée.

— Catherine, pour vous servir, monsieur, répondit-elle.

— Eh bien! mademoiselle Catherine, continua Benvenuto, voici un écu d'or pour la peine que vous avez prise ; venez chez moi demain, rue Saint-Martin, hôtel du cardinal de Ferrare ; et pour la même peine je vous en donnerai autant.

— La jeune fille hésita un instant, car elle crut que l'étranger voulait rire ; mais l'écu d'or était là pour attester qu'il parlait sérieusement ; aussi, après un court instant de réflexion :

— A quelle heure? demanda Catherine.

— A dix heures du matin ; est-ce votre heure ?

— Parfaitement.

— Je puis donc compter sur vous?

— J'irai.

Benvenuto salua comme il eût salué une duchesse, et rentra chez lui le cœur plein de joie. A peine rentré, il brûla toutes ses esquisses idéales, et se mit à en tracer une pleine de réalité. Puis, cette esquisse tracée, il apporta un morceau de cire qu'il posa sur un piedestal, et qui en un instant prit sous sa main puissante la forme de la nymphe qu'il avait rêvée; si bien que lorsque le lendemain Catherine se présenta à la porte de l'atelier une partie de la besogne était déjà faite.

Comme nous l'avons dit, Catherine n'avait aucunement compris les intentions de Benvenuto; elle avait cru venir chez lui, comme obéissant à un caprice; elle allait parfois chez quelques riches seigneurs.

Elle fut donc fort étonnée lorsque, après qu'il eut refermé la porte derrière elle, Benvenuto, en lui montrant sa statue commencée, lui expliqua pourquoi il l'avait fait venir.

Catherine était une joyeuse fille : elle se mit à rire à gorge déployée de sa méprise; puis, toute fière de poser pour une déesse destinée à un roi, elle dépouilla ses vêtements et se mit d'elle-même dans la pose indiquée par la statue, et cela avec tant de grâce et de justesse que le maître, en se retournant et la voyant posée si bien et si naturellement, poussa un cri de plaisir.

Benvenuto se mit à la besogne. C'était,

comme nous l'avons dit, une de ces nobles et puissantes natures d'artiste qui s'inspirent à l'œuvre et s'illuminent en travaillant. Il avait jeté bas son pourpoint, et, le col découvert, les bras nus, allant du modèle à la copie, de la nature à l'art, il semblait, comme Jupiter, prêt à tout embraser en le touchant. Catherine, habituée aux organisations communes ou flétries des gens du peuple ou des jeunes seigneurs, pour qui elle avait été un jouet, regardait cet homme à l'œil inspiré, à la respiration ardente, à la poitrine gonflée, avec un étonnement inconnu. Elle-même semblait s'élever à la hauteur du maître : son regard rayonnait, l'inspiration passait de l'artiste au modèle.

La séance dura deux heures; au bout de ce temps, Benvenuto donna à Catherine son écu d'or, et, prenant congé d'elle avec les mêmes formes que la veille, lui indiqua un rendez-vous pour le lendemain à pareille heure.

Catherine rentra chez elle et ne sortit pas de la journée. Le lendemain elle était à l'atelier dix minutes avant l'heure indiquée.

La même scène se renouvela : ce jour-là comme la veille Benvenuto fut sublime d'inspiration : sous sa main, comme sous celle de Prométhée, la terre respirait. La tête de la Bacchante était déjà modelée et semblait une tête vivante sortant d'une masse informe. Catherine souriait à cette sœur céleste, éclose à son image; elle n'avait jamais été si heureuse, et, chose étrange, elle ne pouvait se rendre compte du sentiment qui lui inspirait ce bonheur.

Le lendemain le maître et le modèle se retrouvèrent à la même heure; mais par une sensation qu'elle n'avait point éprouvée les jours précédents, au moment où elle se dévêtit, elle sentit que la rougeur lui montait au visage. La pauvre enfant commençait à aimer, et l'amour amenait avec lui la pudeur.

Le lendemain ce fut pis encore, et Benvenuto fut obligé de lui faire observer plusieurs fois que ce n'était pas la Vénus de Médicis qu'il modelait, mais une Érigone ivre de volupté et de vin. D'ailleurs il n'y avait plus que patience à prendre; deux jours encore et le modèle était fini.

Le soir de ce deuxième jour, Benvenuto, après avoir donné la dernière touche à sa statue, remercia Catherine de sa complaisance et lui donna quatre écus d'or ; mais Catherine laissa glisser l'or de sa main à terre. Tout était fini pour la pauvre enfant, elle retombait à partir de ce moment dans sa condition première, et depuis le jour où elle était entrée dans l'atelier du maître cette condition lui était devenue odieuse. Benvenuto, qui ne se doutait pas de ce qui se passait dans le cœur de la jeune fille, ramassa les quatre écus, les lui présenta de nouveau, lui serra la main en les lui rendant et lui dit que si jamais il pouvait lui être bon à quelque chose il entendait qu'elle ne s'adressât qu'à lui ; puis il passa dans l'atelier des ouvriers pour chercher Ascanio, auquel il voulait faire voir sa statue achevée.

Catherine, restée seule, alla baiser les uns après les autres les outils dont le maître s'était servi, puis elle sortit en pleurant.

Le lendemain Catherine entra dans l'atelier tandis que Benvenuto était seul, et comme, tout étonné de la revoir, il allait lui demander quelle cause l'amenait, elle alla à lui, tomba à genoux et lui demanda s'il n'avait pas besoin d'une servante.

Benvenuto avait un cœur artiste, c'est-à-dire apte à tout sentir; il devina ce qui s'était passé dans celui de la pauvre enfant, il la releva et lui donna un baiser au front.

De ce moment Catherine fit partie de l'atelier, qu'elle égayait, comme nous l'avons dit, de sa joie enfantine et qu'elle animait de son éternel mouvement. Aussi était-elle devenue presque indispensable à tout le monde, et à Benvenuto bien plus encore qu'à tout autre. C'était elle qui faisait tout, qui ordonnait tout, grondant et caressant Ruperte, qui avait commencé à la voir entrer avec effroi, et qui avait fini par l'aimer comme tout le monde.

L'Érigone n'avait point perdu à cela. Benvenuto, ayant désormais son modèle sous la main, l'avait retouché et fini avec un soin qu'il n'avait peut-être mis encore à aucune de ses statues; puis il l'avait portée au roi François Ier, qui en avait été émerveillé et qui avait commandé à Benvenuto de la lui exécuter en argent; puis il avait longuement causé avec l'orfévre, lui avait demandé comment il se trouvait dans son atelier, où cet atelier était situé et si cet atelier renfermait de belles choses ; après quoi il avait congédié Benvenuto Cellini en se promettant d'aller le surprendre chez lui un matin, mais sans lui rien dire de cette intention.

C'est ainsi qu'on était arrivé au moment où s'est ouverte cette histoire. Benvenuto travaillant, Catherine chantant, Ascanio rêvant et Pagolo priant.

Le lendemain du jour où Ascanio était rentré si tard, grâce à son excursion autour de l'hôtel de Nesle, on entendit frapper bruyamment à la porte de la rue : dame Ruperte se leva aussitôt pour aller ouvrir, mais Scozzone (c'est, on se le rappelle, le nom que Benvenuto avait donné à Catherine) fut en deux bonds hors de la chambre.

Un instant après on entendit sa voix qui criait, moitié joyeuse, moitié effrayée :

— Oh! mon Dieu, maître, mon Dieu! c'est le roi! le roi en personne qui vient pour visiter votre atelier!...

Et la pauvre Scozzone, laissant toutes les portes derrière elle, reparut toute pâle et toute tremblante sur le seuil de celle de la boutique où Benvenuto travaillait au milieu de ses élèves et de ses apprentis.

CHAPITRE V.

GÉNIE ET ROYAUTÉ.

En effet, derrière Scozzone le roi François Ier entrait dans la cour avec toute sa suite. Il donnait la main à la duchesse d'Étampes. Le roi de Navarre suivait avec la dauphine Catherine de Médicis. Le dauphin, qui fut Henri II, venait ensuite avec sa tante Marguerite de Valois, reine de Navarre. Presque toute la noblesse les accompagnait.

Benvenuto alla au-devant d'eux et reçut sans embarras et sans trouble les rois, les princes, les grands seigneurs et les belles dames comme un ami reçoit des amis. Il y avait là pourtant les noms les plus illustres de France et les beautés les plus éclatantes du monde. Marguerite charmait, madame d'Étampes ravissait, Catherine de Médicis étonnait, Diane de Poitiers éblouissait. Mais quoi! Benvenuto était familier avec les types les plus purs de l'antiquité et du seizième siècle italien, comme aussi l'élève aimé de Michel-Ange était tout habitué aux rois.

— Il va falloir que vous nous permettiez, madame, d'admirer à côté de vous, dit François Ier à la duchesse d'Étampes, qui sourit.

Anne de Pisseleu, duchesse d'Étampes, qui, depuis le retour du roi de sa captivité d'Espagne, avait succédé dans sa faveur à la comtesse de Châteaubriant, était alors dans tout l'éclat d'une beauté véritablement royale. Droite et bien prise dans sa fine taille, elle portait sa charmante tête avec une dignité et une grâce féline qui tenait à la fois de la chatte et de la panthère, mais elle en avait aussi les bonds inattendus et les appétits meurtriers; avec cela la courtisane royale savait prendre des airs de candeur où se serait trompé le plus soupçonneux. Rien n'était plus mobile et plus perfide que la physionomie de cette femme aux lèvres pâles, tantôt Hermione et tantôt Galatée, au sourire parfois agaçant et parfois terrible, au regard par moment caressant et prometteur, l'instant d'après flamboyant et courroucé. Elle avait une si lente façon de relever ses paupières, qu'on ne savait jamais si elles se relevaient sur la langueur ou sur la menace. Hautaine et impérieuse, elle subjuguait François Ier en l'enivrant; fière et jalouse, elle avait exigé de lui qu'il redemandât à la comtesse de Châteaubriant les bijoux qu'il lui avait donnés, et la belle et mélancolique comtesse avait du moins, en les renvoyant en lingots, protesté contre cette profanation. Enfin, souple et dissimulée, elle avait plus d'une fois fermé les yeux lorsque, dans son caprice, le roi avait paru distinguer quelque jeune et charmante fille de la cour; qu'en effet il abandonnait bientôt pour revenir à sa belle et puissante enchanteresse.

— J'avais hâte de vous voir, Benvenuto, car voilà deux mois tout à l'heure, je pense, que vous êtes arrivé dans notre royaume, et les tristes soucis des affaires m'ont précisément depuis ce temps empêché de songer aux nobles soins de l'art. Prenez-vous-en à mon frère et cousin l'empereur, qui ne me donne pas un instant de repos.

— Je lui écrirai si vous voulez, sire, et je le prierai de vous laisser être grand ami des arts puisque vous lui avez prouvé déjà que vous êtes grand capitaine.

— Connaissez-vous donc Charles-Quint? demanda le roi de Navarre.

— J'ai eu l'honneur, sire, de présenter il y a quatre ans, à Rome, un missel de ma façon à Sa Majesté sacrée et de lui faire un discours dont elle a paru fort touchée.

— Et que vous a dit Sa Majesté sacrée ?

— Qu'elle me connaissait déjà, ayant vu de moi, trois ans auparavant, sur la chape du pape un boulon d'orfévrerie qui me faisait honneur.

— Oh! mais je vois que vous êtes gâté à l'endroit des compliments royaux, dit François Ier.

— Il est vrai, sire, que j'ai eu le bonheur de satisfaire un assez grand nombre de cardinaux, de grands-ducs, de princes et de rois.

— Montrez-moi donc vos beaux ou-

vrages, que je voie si je ne serai pas un
juge plus difficile que les autres.

— Sire, j'ai eu bien peu de temps; voici
pourtant un vase et un bassin d'argent
que j'ai commencés et qui ne sont peut-
être pas trop indignes d'attirer l'attention
de Votre Majesté.

— Le roi, pendant près de cinq minutes,
examina sans dire un mot. Il semblait que
l'œuvre lui fît oublier l'ouvrier; puis enfin,
comme les dames s'approchaient curieu-
sement : « Voyez, mesdames, s'écria François Ier, quelle merveille ! une forme de
vase si nouvelle et si hardie ! que de finesse
et de modelé, mon Dieu, dans ces bas-re-
liefs et ces rondes-bosses ! J'admire surtout la beauté de ces lignes, et voyez
comme les attitudes des figures sont va-

riées et vraies! Tenez, celle-ci qui élève le bras au-dessus de sa tête : ce geste fugitif est si naïvement saisi qu'on s'étonne qu'elle ne continue pas le mouvement. En vérité, je crois que jamais les anciens n'ont rien fait d'aussi beau. Je me souviens des meilleurs ouvrages de l'antiquité et de ceux des plus habiles artistes de l'Italie; mais rien ne m'a fait plus d'impression que ceci. Oh! regardez donc, madame de Navarre, ce joli enfant perdu dans les fleurs et son petit pied qui s'agite en l'air; comme tout cela est vivant, gracieux et joli!

— Mon grand roi, s'écria Benvenuto, les autres me complimentaient, mais vous me comprenez, vous!

— Autre chose, fit le roi avec une sorte d'avidité.

— Voici une médaille représentant Léda et son cygne faite pour le cardinal Gabriel Cesarini; voici un cachet où j'ai gravé en creux, représentant saint Jean et saint Ambroise, un reliquaire émaillé par moi...

— Quoi! vous frappez les médailles, dit madame d'Étampes.

— Comme Cavadone de Milan, madame.

— Vous émaillez l'or? dit Marguerite.

— Comme Amerigo de Florence.

— Vous gravez les cachets? dit Catherine.

— Comme Lantizco de Pérouse. Croyez-vous donc, madame, que mon talent se borne aux fins joyaux d'or et aux grandes pièces d'argent? Je sais faire un peu de tout, grâce à Dieu. Je suis ingénieur militaire passable, et j'ai empêché deux fois qu'on ne prît Rome. Je tourne assez bien un sonnet, et Votre Majesté n'a qu'à me commander un poème, pourvu qu'il soit à sa louange, et je m'engage à l'exécuter ni plus ni moins que si je m'appelais Clément Marot. Quant à la musique, que mon père m'enseignait à coups de bâton, la méthode m'a profité, et je joue de la flûte et du cornet avec assez de talent pour que Clément VII m'ait engagé à vingt-quatre ans au nombre de ses musiciens. J'ai trouvé, de plus, un secret pour faire d'excellente poudre, et je puis fabriquer aussi des escopettes admirables et des instruments de chirurgie. Si Votre Majesté a la guerre et qu'elle veuille m'employer comme homme d'armes, elle verra que je ne suis pas maladroit, et que je sais aussi bien manier une arquebuse que pointer une coulevrine. Comme chasseur, j'ai tué jusqu'à vingt-cinq paons dans un jour, et comme artilleur j'ai débarrassé l'empereur du prince d'Orange, et Votre Majesté du connétable de Bourbon, les traîtres n'ayant pas, à ce qu'il paraît, de bonheur avec moi.

— Ah çà, de quoi êtes-vous le plus fier, interrompit le jeune dauphin, est-ce d'avoir tué le connétable ou d'avoir abattu les vingt-cinq paons?

— Je ne suis fier ni de l'un ni de l'autre, monseigneur. L'adresse, comme tous les autres dons, vient de Dieu, et j'ai usé de mon adresse.

— Mais j'ignorais vraiment que vous m'eussiez déjà rendu un service pareil, dit le roi, service que d'ailleurs ma sœur Marguerite aura de la peine à vous pardonner. Ah! c'est vous qui avez tué le connétable de Bourbon. Et comment cela s'est-il passé?

— Mon Dieu! de la façon la plus simple. L'armée du connétable était arrivée à l'improviste devant Rome et donnait l'assaut aux remparts. J'allai avec quelques amis, pour voir. En sortant de chez moi, j'avais machinalement pris mon arquebuse sur l'épaule. En arrivant sur le mur, je vis qu'il n'y avait rien à faire. Il ne faut pourtant pas, dis-je, que je sois venu pour si peu. Alors, dirigeant mon arquebuse vers l'endroit où je voyais un groupe de combattants plus nombreux et plus serrés, je visai précisément celui que je voyais dépasser les autres de la tête. Il tomba, et tout à coup un grand tumulte se fit, causé par ce coup que j'avais tiré. J'avais tué, en effet, Bourbon : c'était, comme on a su depuis, celui qui était plus élevé que les autres.

Pendant que Benvenuto faisait ce récit avec une parfaite insouciance, le cercle des dames et des seigneurs s'était peu à peu élargi autour de lui, et tous considéraient avec respect et presque avec effroi le héros sans le savoir. François Ier seul était resté aux côtés de Cellini.

— Ainsi, mon très-cher, lui dit-il, je vois qu'avant de me consacrer votre génie vous m'avez prêté votre bravoure.

— Sire, reprit gaiement Benvenuto, je

crois, tenez, que je suis né votre serviteur. Une aventure de ma première enfance me l'a toujours fait penser. Vous avez pour arme une salamandre, n'est-ce pas?

— Oui, avec cette devise : *Nutrisco et extinguo.*

— Eh bien! j'avais cinq ans environ, j'étais avec mon père dans une petite salle où l'on avait coulé la lessive et où flambait encore un bon feu de jeune chêne. Il faisait grand froid. En regardant par hasard dans le feu, j'aperçus au milieu des flammes un petit animal semblable à un lézard qui se récréait dans l'endroit le plus ardent. Je le montrai à mon père, et mon père (pardonnez-moi ce détail familier d'un usage un peu brutal de mon pays), m'appliquant un violent soufflet, me dit avec douceur : Je ne te frappe pas parce que tu as mal fait, cher enfant, mais afin que tu te rappelles que ce petit lézard que tu as vu dans le feu est une salamandre; aucune personne connue n'a vu cet animal avant toi. N'est-ce pas là, sire, un avertissement du sort? Il y a, je crois, des prédestinations, et j'allais à vingt ans partir pour l'Angleterre quand le ciseleur Pierre Torreggiano, qui voulait m'y emmener avec lui, me raconta comment, enfant, dans une querelle d'atelier, il avait un jour frappé au visage notre Michel-Ange. Oh! tout a été dit; pour un titre de prince je ne serais pas parti avec un homme qui avait porté la main sur mon grand sculpteur. Je restai en Italie, et de l'Italie, au lieu d'aller en Angleterre, je vins en France.

— La France, fière d'avoir été choisie par vous, Benvenuto, fera en sorte que vous ne regrettiez pas votre patrie.

— Oh! ma patrie, à moi, c'est l'art; mon prince, c'est celui qui me fait ciseler la plus riche coupe.

— Et avez-vous actuellement en tête quelque belle composition, Cellini?

— Oh! oui, sire, un Christ; non pas un Christ sur la croix, mais un Christ dans sa gloire et dans sa lumière, et j'imiterai autant que possible cette beauté infinie sous laquelle il s'est fait voir à moi.

— Quoi! dit Marguerite la sceptique en riant, outre tous les rois de la terre, avez-vous aussi vu le roi des cieux?

— Oui, madame, répondit Benvenuto avec une simplicité d'enfant.

— Oh! racontez-nous donc encore cela, dit la reine de Navarre.

— Volontiers, madame, répondit Benvenuto Cellini avec une confiance qui indiquait qu'il ne pensait même pas que l'on pût mettre en doute aucune partie de son récit.

— J'avais vu quelque temps auparavant, continua Benvenuto, j'avais vu Satan et toutes les légions du diable, qu'un prêtre nécromant de mes amis avait évoqués devant moi au Colysée et dont nous eûmes vraiment beaucoup de peine à nous défaire; mais le terrible souvenir de ces infernales visions fut bien à tout jamais effacé de mon esprit, quand à mon ardente prière m'apparut pour me réconforter dans les misères de ma prison le divin Sauveur des hommes, au milieu du soleil et tout couronné de ses rayons.

— Et vous êtes véritablement sûr, demanda la reine de Navarre, sûr sans aucun mélange de doute que le Christ vous soit apparu?

— Je n'en doute pas, madame.

— Allons, Benvenuto, faites-nous donc un Christ pour notre chapelle, reprit François Ier avec sa bonne humeur habituelle.

— Sire, si Votre Majesté a cette bonté, elle me commandera quelque autre chose et j'ajournerai encore cet ouvrage.

— Et pourquoi cela?

— Parce que j'ai promis à Dieu de ne

le faire pour aucun autre souverain que pour lui.

— A la bonne heure! Eh bien! Benvenuto, j'ai besoin de douze candélabres pour ma table.

— Oh! cela, c'est autre chose, et sur ce point vous serez obéi, sire.

— Je veux que ces candélabres soient douze statues d'argent.

— Sire, ce sera magnifique.

— Ces statues représenteront six dieux et six déesses et seront exactement à ma taille.

— A votre taille, en effet, sire.

— Mais c'est tout un poème que vous commandez là, dit la duchesse d'Étampes, une merveille tout à fait étonnante! n'est-ce pas, monsieur Benvenuto?

— Je ne m'étonne jamais, madame.

— Je m'étonnerais, moi, reprit la duchesse piquée, que d'autres sculpteurs que les sculpteurs de l'antiquité vinssent à bout d'une œuvre pareille.

— J'espère pourtant l'achever aussi bien que les anciens l'eussent pu faire, répondit Benvenuto avec sang-froid.

—Oh ! ne vous vantez-vous pas un peu, maître Benvenuto ?

— Je ne me vante jamais, madame.

Disant cela avec calme, Cellini regardait madame d'Étampes, et la fière duchesse baissa malgré elle les yeux sous ce regard ferme, confiant et qui n'était pas même courroucé. Anne conçut un sourd ressentiment contre Cellini de cette supériorité qu'elle subissait en y résistant et sans savoir de quoi elle se composait. Elle avait cru jusqu'alors que la beauté était la première puissance de ce monde, elle avait oublié le génie.

— Quels trésors, dit-elle avec amertume, suffiraient donc à payer un talent comme le vôtre?

— Ce ne seront certes pas les miens, reprit François Ier, et à ce propos, Benvenuto, je me rappelle que vous n'avez touché encore que cinq cents écus d'or de bienvenue. Serez-vous satisfait des appointements que je donnais à mon peintre Léonard de Vinci, c'est-à-dire de sept cents écus d'or par an? Je vous paierai en outre tous les ouvrages que vous ferez pour moi.

— Sire, ces offres sont dignes d'un roi

tel que François Ier et, j'ose le dire, d'un artiste tel que Cellini. J'aurai pourtant la hardiesse d'adresser encore une demande à Votre Majesté.

— Elle vous est d'avance octroyée, Benvenuto.

— Sire, je suis mal et à l'étroit dans cet hôtel pour travailler. Un de mes élèves a trouvé un emplacement mieux disposé que celui-ci pour les grands ouvrages que mon roi pourra me commander. Cette propriété appartient à Votre Majesté : c'est le Grand-Nesle. Elle est à la disposition du prévôt de Paris, mais il ne l'habite pas ; il occupe seulement le Petit-Nesle, que je lui laisserais volontiers.

— Eh bien ! soit, Benvenuto, dit François Ier, installez-vous au Grand-Nesle, et je n'aurai que la Seine à traverser pour aller causer avec vous et admirer vos chefs-d'œuvre.

— Comment, sire! interrompit madame d'Étampes, mais vous privez là sans motif d'un bien qui lui appartient un homme à moi, un gentilhomme.

Benvenuto la regarda, et pour la seconde fois Anne baissa les yeux sous ce singulier coup d'œil fixe et pénétrant. Cellini reprit avec la même naïve bonne foi qu'en parlant de ses apparitions :

— Mais je suis noble aussi, moi, madame : ma famille descend d'un galant homme, premier capitaine de Jules-César, nommé Fiorino, qui était de Cellino près Montefiascone, et qui a donné son nom à Florence, tandis que votre prévôt et ses aïeux n'ont, si j'ai bonne mémoire, encore donné leur nom à rien. Cependant, continua Benvenuto en se retournant vers François Ier et en changeant à la fois de regard et d'accent, peut-être me suis-je montré bien hardi, peut-être exciterai-je contre moi des haines puissantes, et qui, malgré la protection de Votre Majesté, pourraient m'accabler à la fin. Le prévôt de Paris a, dit-on, une espèce d'armée à ses ordres.

— On m'a raconté, interrompit le roi, qu'un jour, à Rome, un certain Cellini, orfévre, avait gardé, faute de paiement, un vase d'argent que lui avait commandé monseigneur Farnèse, alors cardinal et aujourd'hui pape.

— C'est vrai, sire.

— On ajoutait que toute la maison du cardinal s'en vint, l'épée au poing, assiéger la boutique de l'orfévre pour emporter le vase de vive force.

— C'est encore vrai.

— Mais ce Cellini, en embuscade derrière la porte et l'escopette au poing, s'était défendu vaillamment, avait mis les gens de monseigneur en fuite et avait été payé le lendemain par le cardinal.

— Tout cela, sire, c'est l'exacte vérité.

— Eh bien ! n'êtes-vous pas ce Cellini ?

— Oui, sire ; que Votre Majesté me conserve seulement ses bonnes grâces, et rien n'est capable de m'épouvanter.

— Allez donc droit devant vous, fit le roi en souriant dans sa barbe, allez donc, puisque vous êtes gentilhomme.

Madame d'Étampes se tut, mais elle jura de ce moment à Cellini une haine mortelle, une haine de femme offensée.

— Sire, une dernière faveur, dit encore Cellini. Je ne puis vous présenter tous mes ouvriers; ils sont dix, tant Français qu'Allemands, tous braves et habiles compagnons; mais voici mes deux élèves que j'ai amenés d'Italie avec moi, Pagolo et Ascanio. Avancez donc, Pagolo, et relevez un peu la tête et le regard, non pas impudemment, mais en honnête homme, qui n'a à rougir d'aucune action mauvaise. Celui-ci manque peut-être d'invention, sire, et un peu aussi d'ardeur, mais c'est un exact et consciencieux artiste, qui travaille lentement, mais bien, qui conçoit parfaitement mes idées et les exécute fidèlement. Voici maintenant Ascanio, mon noble et gracieux élève et mon enfant bien-aimé. Celui-là n'a pas sans doute la vigueur de création qui fera se heurter et se déchirer dans un bas-relief les bataillons de deux armées, ou s'attacher puissamment aux bords d'un vase les griffes d'un lion ou les dents d'un tigre. Il n'a pas non plus la fantaisie originale qui invente les monstrueuses chimères et les dragons impossibles; non : mais son âme, qui ressemble à son corps, a l'instinct d'un idéal, pour ainsi parler, divin. Demandez-lui de vous poser un ange ou de vous grouper des nymphes, et nul n'atteindra à sa poésie exquise et à sa grâce choisie. Avec Pagolo j'ai quatre bras, avec Ascanio j'ai deux âmes; et puis il m'aime, et je suis bien heureux d'avoir auprès de moi un cœur pur et dévoué comme le sien.

Pendant que son maître parlait ainsi, Ascanio se tenait debout près de lui, modestement mais sans embarras, dans une attitude pleine d'élégance, et madame d'Étampes ne pouvait détacher ses regards du jeune et charmant Italien aux yeux et aux cheveux noirs, et qui semblait une copie vivante de l'Apollino.

— Si Ascanio, dit-elle, s'entend si bien aux choses gracieuses et qu'il veuille passer à mon hôtel d'Étampes un matin, je lui fournirai des pierreries et de l'or dont il pourra me faire épanouir quelque fleur merveilleuse.

Ascanio s'inclina avec un doux regard de remercîment.

—Et moi, dit le roi, je lui assigne, ainsi qu'à Pagolo, cent écus d'or par an.

— Je me charge de leur faire bien gagner cet argent, sire, dit Benvenuto.

— Mais quelle est donc cette belle enfant aux longs cils qui se cache dans ce coin? reprit François Ier en apercevant Scozzone pour la première fois.

— Oh! ne faites pas attention, sire, répondit Benvenuto en fronçant le sourcil; c'est la seule des belles choses de cet atelier que je n'aime pas qu'on remarque.

— Ah! vous êtes jaloux, mons Benvenuto?

— Mon Dieu, sire, je n'aime pas que l'on touche à mon bien; soit dit sans comparaison, c'est comme si quelqu'un s'avisait de penser à madame d'Étampes : vous seriez furieux, sire. Scozzone est ma duchesse, à moi.

La duchesse, qui contemplait Ascanio, interrompue ainsi brusquement, se mordit les lèvres. Beaucoup de courtisans ne purent s'empêcher de sourire et toutes les dames chuchotèrent. Quant au roi, il rit franchement.

— Allons, allons, foi de gentilhomme! votre jalousie est dans son droit, Benvenuto, et d'artiste à roi on se comprend.— Adieu, mon ami, je vous recommande mes statues. Vous commencerez par Jupiter, naturellement, et quand vous aurez

achevé le modèle, vous me le montrerez.
Adieu ; bonne chance. A l'hôtel de Nesle !

— Que j'aille le montrer, c'est bientôt
dit, sire; mais comment entrerai-je au
Louvre?

— Votre nom sera donné aux portes
avec l'ordre de vous introduire jusqu'à
moi.

Cellini s'inclina, et, suivi de Pagolo et
d'Ascanio, accompagna le roi et la cour
jusqu'à la porte de la rue. Arrivé là, il s'a-
genouilla et baisa la main de François Ier.

— Sire, dit-il d'un ton pénétré, vous
m'avez déjà, par l'entremise de monseigneur de Montluc, sauvé de la captivité
et peut-être de la mort, vous m'avez com-
blé de richesses, vous avez honoré mon

pauvre atelier de votre présence, mais ce qui passe tout cela, sire, ce qui fait que je ne sais comment vous remercier, c'est que vous allez si magnifiquement au-devant de tous mes rêves. Nous ne travaillons d'ordinaire que pour une race d'élite disséminée à travers les siècles, mais moi j'aurai eu le bonheur de trouver vivant un juge toujours présent, toujours éclairé. Je n'ai été jusqu'à présent que l'ouvrier de l'avenir, laissez-moi me dire désormais l'orfévre de Votre Majesté.

— Mon ouvrier, mon orfévre, mon artiste et mon ami, Benvenuto, si ce titre ne vous paraît pas plus à dédaigner que les autres. Adieu, ou plutôt au revoir.

Il va sans dire que tous les princes et seigneurs, à l'exception de madame d'Étampes, imitèrent le roi et comblèrent Cellini d'amitiés et d'éloges.

Quand tous furent partis et que Benvenuto resta seul dans la cour avec ses deux élèves, ceux-ci le remercièrent, Ascanio avec effusion, Pagolo presque avec contrainte.

— Ne me remerciez pas, mes enfants, cela n'en vaut pas la peine; mais tenez, si vous croyez véritablement m'avoir quelque obligation, je veux, puisque ce sujet de conversation s'est présenté aujourd'hui, vous demander un service; c'est pour quelque chose qui tient au cœur de mon cœur. Vous avez entendu ce que j'ai dit au roi à propos de Catherine; ce que j'ai dit répond au plus intime de mon être. Cette enfant est nécessaire à ma vie, mes amis, à ma vie d'artiste, puisqu'elle se prête si gaiement, vous le savez, à me servir de modèle; à ma vie d'homme, parce que je crois qu'elle m'aime. Eh bien! je vous en prie, bien qu'elle soit belle et que vous soyez jeunes comme elle est jeune, ne portez pas vos pensées sur Catherine; il y a bien assez d'autres jolies filles au monde. Ne déchirez pas mon cœur, n'injuriez pas mon amitié, en jetant sur ma Scozzone un regard trop hardi, et même surveillez-la en mon absence et conseillez-la comme des frères. Je vous en conjure, car je me connais, je me sens, et je jure Dieu que si je m'apercevais de quelque mal je la tuerais, elle et son complice.

— Maître, dit Ascanio, je vous respecte comme mon maître et je vous aime comme mon père; soyez tranquille.

— Dieu Jésus! s'écria Pagolo en joignant les mains ; que Dieu me garde de penser à une pareille infamie! Ne sais-je pas bien que je vous dois tout et ne serait-ce pas un crime abominable que d'abuser de la sainte confiance que vous me témoignez en reconnaissant vos bienfaits par une si lâche perfidie.

— Merci, mes amis, dit Benvenuto en leur serrant les mains ; merci mille fois. Je suis content et j'ai foi en vous. Maintenant, Pagolo, remets-toi à ton ouvrage, attendu que j'ai promis pour demain à M. de Villerois le cachet auquel tu travailles; tandis qu'Ascanio et moi nous allons visiter la propriété dont notre gracieux roi vient de nous gratifier, et dont dimanche prochain, pour nous reposer, nous entrerons de gré ou de force en possession.

Puis se retournant vers Ascanio :

— Allons, Ascanio, lui dit-il, allons voir si ce fameux séjour de Nesle, qui t'a paru si convenable à l'extérieur, est digne à l'intérieur de sa réputation.

Et avant qu'Ascanio eût le temps de faire la moindre observation, Benvenuto jeta un dernier coup d'œil sur l'atelier pour voir si chaque travailleur était à sa place, donna un petit soufflet sur la joue ronde et rose de Scozzone, et passant son bras sous celui de son élève, l'entraîna vers la porte et sortit avec lui.

CHAPITRE VI.

A QUOI SERVENT LES DUÈGNES.

A peine avaient-ils fait dix pas dans la rue, qu'ils rencontrèrent un homme de cinquante ans à peu près, assez exigu de taille, mais d'une physionomie mobile et fine.

— J'allais chez vous, Benvenuto, dit le nouvel arrivant, qu'Ascanio salua avec un respect mêlé de vénération, et auquel Benvenuto tendit cordialement la main.

— Était-ce pour affaire d'importance, mon cher Francesco? dit l'orfévre, alors je retourne avec vous; ou bien était-ce purement et simplement pour me voir? alors venez avec moi.

— C'était pour vous donner un avis, Benvenuto.

— J'écoute. Un avis est toujours bon à recevoir lorsqu'il vient de la part d'un ami.

— Mais celui que j'ai à vous donner ne peut être donné qu'à vous seul.

— Ce jeune homme est un autre moi-même, Francesco; parlez.

— Je l'eusse déjà fait si j'avais cru devoir le faire, répondit l'ami de Benvenuto.

— Pardon, maître, dit Ascanio en s'éloignant avec discrétion.

— Eh bien, va donc seul où je comptais aller avec toi, mon cher enfant, dit Benvenuto : aussi bien tu sais que ce que tu as vu, je l'ai vu ; examine tout dans les plus grands détails ; vois si l'atelier aura un bon jour, si la cour sera commode pour une fonte; s'il y aura moyen de séparer notre laboratoire de celui des autres apprentis. N'oublie pas le jeu de paume.

Et Benvenuto passa son bras sous celui de l'étranger, fit un signe de la main à Ascanio, et reprit le chemin de l'atelier, laissant le jeune homme debout et immobile au milieu de la rue Saint-Martin.

En effet, il y avait dans la commission dont son maître venait de le charger plus qu'il n'en fallait pour jeter un grand trouble dans l'esprit d'Ascanio. Ce trouble n'avait pas été médiocre, même quand Benvenuto lui avait proposé de faire la visite à eux deux. Qu'on juge donc de ce qu'il devint lorsqu'il se vit appelé à faire cette visite tout seul.

Ainsi lui qui avait, pendant deux dimanches, vu Colombe sans oser la suivre, et qui, le troisième, l'avait suivie sans oser lui parler, il allait se présenter chez elle, et pourquoi? pour visiter l'hôtel de Nesle, que Benvenuto comptait le dimanche suivant, par forme de récréation, enlever de gré ou de force au père de Colombe.

La position était fausse pour tout le monde; elle était terrible pour un amoureux.

Heureusement qu'il y avait loin de la rue Saint-Martin à l'hôtel de Nesle. S'il n'y avait eu que deux pas, Ascanio ne les eût pas faits; il y avait une demi-lieue, il se mit en route.

Rien ne familiarise avec le danger comme le temps ou la distance qui nous en sépare. Pour toutes les âmes fortes ou pour toutes les organisations heureuses, la réflexion est un puissant auxiliaire. C'était à cette dernière classe qu'appartenait Ascanio. Il n'était pas encore d'habitude à cette époque de faire le dégoûté de la vie avant que d'y être entré. Toutes les sensations étaient franches et se traduisaient franchement, la joie par le rire, la douleur par les larmes. La manière était chose à peu près inconnue dans la vie comme dans l'art, et un jeune et joli garçon de vingt ans n'était pas le moins du monde humilié à cette époque d'avouer qu'il était heureux.

Or, dans tout ce trouble d'Ascanio, il y avait un certain bonheur. Il n'avait compté revoir Colombe que le dimanche suivant, et il allait la revoir le jour même : c'étaient six jours de gagnés ; et six jours d'attente, on le sait, sont six siècles au compte des amoureux.

Aussi, à mesure qu'il s'approchait, la chose paraissait plus simple à ses yeux : c'était lui, il est vrai, qui avait donné le conseil à Benvenuto de demander au roi le séjour de Nesle pour en faire son atelier, mais Colombe pouvait-elle lui en vouloir d'avoir cherché à se rapprocher d'elle? Cette impatronisation de l'orfévre florentin dans le vieux palais d'Amaury ne pouvait se faire, il est vrai, qu'au détriment du père de Colombe, qui le regardait comme à lui; mais ce dommage était-il réel, puisque messire Robert d'Estourville ne l'habitait pas? D'ailleurs, Benvenuto avait mille moyens de payer son loyer,— une coupe donnée au prévôt, un collier donné à sa fille (et Ascanio se chargeait de faire le collier) pouvaient et devaient, dans cette époque d'art, aplanir bien des choses. Ascanio avait vu des grands-ducs, des rois et des papes près de vendre leur couronne, leur sceptre ou leur tiare pour acheter un de ces merveilleux bijoux qui sortaient des mains de son maître. C'était donc, au bout du compte, messire Robert qui, en supposant que les choses s'arrangeassent ainsi, serait encore redevable à maître Benvenuto, — car maître Benvenuto était si généreux que si messire d'Estourville faisait les choses galamment, Ascanio en était certain, maître Benvenuto ferait les choses royalement.

Arrivé au bout de la rue Saint-Martin, Ascanio se regardait donc comme un messager de paix, élu par le Seigneur pour maintenir l'harmonie entre les deux puissances.

Cependant, malgré cette conviction, Ascanio, qui n'était pas fâché — les amoureux sont des êtres bien étranges — d'allonger sa route d'une dizaine de minutes, au lieu de traverser la Seine en bateau, remonta le long du quai et passa la rivière au Pont-aux-Moulins. Peut-être aussi avait-il pris ce chemin parce que c'était celui qu'il avait fait la veille en suivant Colombe.

Quelle que soit, au reste, la cause qui lui avait fait prendre ce détour, il n'en était pas moins au bout de vingt minutes à peu près en face de l'hôtel de Nesle.

Mais arrivé là, et lorsqu'il vit la petite porte ogive qu'il lui fallait traverser, lorsqu'il aperçut le charmant petit palais gothique qui élançait ses hardis clochetons au-dessus du mur, lorsqu'il pensa que derrière ces jalousies à moitié fermées à cause de la chaleur était sa belle Colombe, tout cet échafaudage de riches rêveries bâti dans ce chemin s'évanouit comme ces édifices que l'on voit dans les nuages et que le vent renverse d'un coup d'aile; il se retrouva face à face avec la réalité, et la réalité ne lui parut pas des plus rassurantes.

Cependant, après une pause de quelques minutes, pause d'autant plus étrange que par le grand soleil qu'il faisait il était absolument seul sur le quai, Ascanio comprit qu'il fallait prendre un parti quelconque. Or, il n'y avait d'autre parti à prendre que d'entrer à l'hôtel. Il s'avança donc jusque sur le seuil et souleva le marteau; mais Dieu sait quand il l'eût laissé retomber, si à ce moment même et par hasard la porte ne se fût ouverte, et s'il ne se fût trouvé face à face avec une espèce de maître Jacques d'une trentaine d'années, moitié valet, moitié paysan : c'était le jardinier de messire d'Estourville.

Ascanio et le jardinier reculèrent chacun de son côté.

— Que voulez-vous? dit le jardinier, que demandez-vous?

— Ascanio, forcé d'aller en avant, rappela tout son courage et répondit bravement :

— Je demande à visiter l'hôtel.

— Comment! visiter l'hôtel, s'écria le jardinier stupéfait, et au nom de qui?

— Au nom du roi! répondit Ascanio.

— Au nom du roi! s'écria le jardinier. Jésus Dieu! est-ce que le roi voudrait nous le reprendre?

— Peut-être! répondit Ascanio.

— Mais qu'est-ce que cela signifie?

— Vous comprenez, mon ami, dit Ascanio avec un aplomb dont il se sut gré à lui-même, que je n'ai pas de compte à vous rendre.

— C'est juste. A qui voulez-vous parler?

— Mais, monsieur le prévôt y est-il? demanda Ascanio, qui savait parfaitement que le prévôt n'y était point.

— Non, monsieur; il est au Châtelet.

— Eh bien, en son absence, qui est-ce qui le remplace?

— Il y a sa fille, mademoiselle Colombe.

Ascanio se sentit rougir jusqu'aux oreilles.

— Et puis, continua le jardinier, il y a encore dame Perrine. Monsieur veut-il parler à dame Perrine et à mademoiselle Colombe?

Cette demande était bien simple, et cependant elle produisit un terrible combat dans l'âme d'Ascanio. Il ouvrit la bouche pour dire que c'était mademoiselle Colombe qu'il voulait voir, et cependant, comme si des paroles aussi hasardeuses se refusaient à sortir de ses lèvres, ce fut dame Perrine qu'il demanda.

Le jardinier, qui ne se doutait pas que sa question, qu'il regardait comme fort simple, eût causé un si grand remue-ménage, inclina la tête en signe d'obéissance, et s'avança à travers la cour du côté de la porte intérieure du Petit-Nesle. Ascanio le suivit.

Il lui fallut traverser une seconde cour,

puis une deuxième porte, puis un petit parterre, puis les marches d'un perron, puis une longue galerie. Après quoi le jardinier ouvrit une porte et dit :

— Dame Perrine, c'est un jeune homme qui demande à visiter l'hôtel au nom du roi.

Et se dérangeant alors il fit place à Ascanio, qui lui succéda sur le seuil de la porte.

Ascanio s'appuya au mur, un nuage venait de lui passer sur les yeux ; une chose bien simple et que cependant il n'avait pas prévue, était arrivée. Dame Perrine était avec Colombe, et il se trouvait en face de toutes deux.

Dame Perrine était au rouet et filait ;

Colombe était à son métier et faisait de la tapisserie.

Toutes deux levèrent la tête en même temps et regardèrent du côté de la porte.

Colombe reconnut à l'instant même Ascanio. Elle l'attendait, quoique sa raison lui eût dit qu'il ne devait pas revenir. Quant à lui, lorsqu'il vit les yeux de la jeune fille se lever sur lui, quoique le regard qui sortait de ces yeux fût d'une douceur infinie, il crut qu'il allait mourir.

C'est qu'il avait prévu mille difficultés, c'est qu'il avait rêvé mille obstacles avant d'arriver à sa bien-aimée ; ces obstacles devaient l'exalter, ces difficultés devaient l'affermir, et voilà qu'au contraire toutes choses avaient été bonnement et simplement, comme si du premier coup Dieu, touché de la pureté de leur amour, l'avait encouragé et béni ; voilà qu'il se trouve en face d'elle, au moment où il s'y attendait le moins si bien que de tout ce beau discours qu'il avait préparé, et dont l'ardente éloquence devait l'étonner et l'attendrir, il ne trouvait pas une phrase, pas un mot, pas une syllabe.

Colombe, de son côté, demeurait immobile et muette. Ces deux jeunes et pures existences qui, comme mariées d'avance dans le ciel, sentaient déjà qu'elles s'appartenaient, et qui, une fois rapprochées l'une de l'autre, devaient se confondre, et comme celle de Salmacis et d'Hermaphrodite n'en plus former qu'une, tout effrayées à cette première rencontre, tremblaient, hésitaient et restaient sans paroles, l'une vis-à-vis de l'autre.

Ce fut dame Perrine qui, se soulevant à demi sur sa chaise, tirant sa quenouille de son corset et s'appuyant sur la bobine de son rouet, rompit la première le silence.

— Que nous dit-il donc, ce butor de Rembault? s'écria la digne duègue. Avez-vous entendu, Colombe? Puis, comme Colombe ne répondait pas:—Que demandez-vous céans, mon jeune maître? continua-t-elle en faisant quelques pas vers Ascanio. Mais, Dieu me pardonne! s'écria-t-elle tout à coup en reconnaissant celui à qui elle avait affaire, c'est ce gentil cavalier qui, ces trois derniers dimanches, m'a si galamment offert de l'eau bénite à la porte de l'église. Que vous plaît-il, mon bel ami?

— Je voudrais vous parler, balbutia Ascanio.

— A moi seule? demanda en minaudant dame Perrine.

— A vous... seule...

Et Ascanio, en répondant ainsi, se disait à lui-même qu'il était affreusement niais.

— Alors, venez par ici, jeune homme; venez, dit dame Perrine en ouvrant une porte latérale et en faisant signe à Ascanio de la suivre.

Ascanio la suivit, mais en la suivant il jeta sur Colombe un de ces longs regards dans lesquels les amoureux savent mettre tant de choses, et qui, si prolixes et si inintelligibles qu'ils soient pour les indifférents, finissent toujours par être compris par la personne à qui ils sont adressés. Sans doute Colombe ne perdit pas un mot de sa signification, car ses yeux, sans qu'elle sût comment, ayant rencontré ceux du jeune homme, il rougit prodigieusement, et, comme elle se sentit rougir, elle baissa les yeux sur sa tapisserie et se mit à estropier une pauvre fleur qui n'en pouvait mais. Ascanio vit cette rougeur, et, s'arrêtant tout à coup, il fit un pas vers Colombe, mais en ce moment dame Perrine se retourna et appela le jeune homme, qui fut forcé de la suivre. A peine eut-il passé le seuil de la porte, que Colombe abandonna son aiguille, laissa tomber ses bras aux deux côtés de sa chaise en renversant sa tête en arrière, poussa un long soupir dans lequel se combinait par un de ces inexplicables mystères du cœur le regret de voir Ascanio s'éloigner, avec un certain bien-être de ne plus le sentir là.

Quant au jeune homme, il était franchement de mauvaise humeur : de mauvaise humeur contre Benvenuto, qui lui avait donné une si singulière commission; de mauvaise humeur contre lui-même de n'avoir pas mieux su en profiter, et de mauvaise humeur surtout contre dame Perrine, qui avait eu le tort de le faire sortir juste au moment où il lui semblait que les yeux de Colombe lui disaient de rester.

Aussi, lorsque la duègne, se trouvant tête à tête avec lui, s'informa du but de sa visite, Ascanio lui répondit-il d'une façon fort délibérée, décidé qu'il était à se venger sur elle de sa propre maladresse :

— Le but de ma visite, ma chère

dame, est de vous prier de me montrer l'hôtel de Nesle, et cela d'un bout à l'autre.

— Vous montrer l'hôtel de Nesle ! s'écria dame Perrine ; et pourquoi donc faire voulez-vous le visiter ?

— Pour voir s'il est à notre convenance, si nous y serons bien, et si cela vaut la peine que nous nous dérangions pour venir l'habiter.

— Comment, pour venir l'habiter ! Vous l'avez donc loué à M. le prévôt ?

— Non, mais Sa Majesté nous le donne.

— Sa Majesté vous le donne ! s'exclama dame Perrine, de plus en plus étonnée.

— En toute propriété, répondit Ascanio.

— A vous?

— Non, pas tout à fait, ma bonne dame, mais à mon maître.

— Et quel est votre maître, sans indiscrétion, jeune homme, quelque grand seigneur étranger, sans doute?

— Mieux que cela, dame Perrine — un grand artiste, venu tout exprès de Florence pour servir Sa Majesté très chrétienne.

— Ah! ah! dit la bonne dame, qui ne comprenait pas très-bien; et que fait-il, votre maître?

— Ce qu'il fait? il fait tout: des bagues pour mettre au doigt des jeunes filles; des aiguières pour placer sur la table des rois, des statues pour mettre dans les temples des dieux; puis, dans ses moments perdus, il assiége ou défend les villes, selon que c'est son caprice de faire trembler un empereur ou de rassurer un pape.

— Jésus Dieu! s'écria dame Perrine; et comment s'appelle votre maître?

— Il s'appelle Benvenuto Cellini.

— C'est drôle, je ne connais pas ce nom-là, murmura la bonne dame. Et qu'est-il de son état?

— Il est orfévre.

Dame Perrine regarda Ascanio avec de grands yeux étonnés.

— Orfévre! murmura-t-elle; orfévre, et vous croyez que messire le prévôt cédera

comme cela son palais à.... un.... orfévre !

— S'il ne le cède pas, nous le lui prendrons.

— De force?

— Très-bien.

— Mais votre maître n'osera pas tenir
tête à M. le prévôt, j'espère.

— Il a tenu tête à trois ducs et à deux
papes.

— Jésus Dieu! à deux papes. Ce n'est
pas un hérétique, au moins?

— Il est catholique comme vous et moi,
dame Perrine; rassurez-vous et Satan n'est
pas le moins du monde notre allié; mais
à défaut du diable nous avons pour nous
le roi.

— Ah! oui, mais M. le prévôt a mieux que cela encore, lui.

— Et qu'a-t-il donc?

— Il a madame d'Étampes.

— Alors, partie égale, dit Ascanio.

— Et si messire d'Estourville refuse?

— Maître Benvenuto prendra.

— Et si messire Robert s'enferme comme dans une citadelle?

— Maître Cellini en fera le siége.

— Messire le prévôt a vingt-quatre sergents d'armes, songez-y.

— Maître Benvenuto Cellini a dix apprentis, partie égale toujours, comme vous voyez, dame Perrine.

— Mais personnellement messire d'Estourville est un rude jouteur; au tournoi qui a eu lieu lors du mariage de François Ier il a été un des tenants, et tous ceux qui ont osé se mesurer contre lui ont été portés à terre.

— Eh bien! dame Perrine, c'est justement l'homme que cherchait Benvenuto, lequel n'a jamais trouvé son maître en fait d'armes, et qui, comme messire d'Estourville, a porté tous ses adversaires à terre, avec cette différence cependant que, quinze jours après, ceux qu'avait combattus votre prévôt étaient remis sur leurs jambes, gais et bien portants, tandis que ceux qui ont eu affaire à mon maître ne s'en sont jamais relevés, et trois jours après étaient couchés, morts et enterrés.

— Tout cela finira mal! tout cela finira

mal! murmura dame Perrine. On dit qu'il se passe de terribles choses, jeune homme, dans les villes prises d'assaut.

— Rassurez-vous, dame Perrine, répondit Ascanio en riant, vous aurez affaire à des vainqueurs cléments.

— Ce que j'en dis, mon cher enfant, répondit dame Perrine, qui n'était pas fâchée peut-être de se ménager un appui parmi les assiégeants, c'est que j'ai peur qu'il n'y ait du sang répandu; car, quant à votre voisinage, vous comprenez bien qu'il ne peut nous être que très-agréable, attendu que la société manque un peu dans ce maudit désert où messire d'Estourville nous a consignées, sa fille et moi, comme deux pauvres religieuses, quoique ni elle ni moi n'ayons prononcé de vœux,

Dieu merci. Or, il n'est pas bon que l'homme soit seul, dit l'Ecriture, et quand l'Ecriture dit l'homme, elle sous-entend la femme ; n'est-ce pas votre avis, jeune homme?

— Cela va sans dire.

— Et nous sommes bien seules et par conséquent bien tristes dans cet immense séjour.

— Mais n'y recevez-vous donc aucune visite? demanda Ascanio.

— Jésus Dieu! pire que des religieuses, comme je vous le disais. Les religieuses, au moins, ont des parents, elles ont des amis qui viennent les voir à la grille ; elles ont le réfectoire, où elles se réunissent, où elles parlent, où elles causent. Ce n'est pas bien récréatif, je le sais, mais encore c'est quelque chose. Nous, nous n'avons que messire le prévôt, qui vient de temps en temps pour morigéner sa fille de ce qu'elle devient trop belle, je crois ; car c'est son seul crime, pauvre enfant ! et pour me gronder, moi, de ce que je ne la surveille pas encore assez sévèrement, Dieu merci ! quand elle ne voit âme qui vive au monde, et quand, à part les paroles qu'elle m'adresse, elle n'ouvre la bouche que pour faire ses prières au bon Dieu. Aussi, je vous en prie, jeune homme, ne dites à personne que vous avez été reçu ici ; que vous avez visité le Grand-Nesle avec moi, et qu'après avoir visité le Grand-Nesle vous êtes venu causer un instant avec nous au Petit.

— Comment! s'écria Ascanio, après

avoir visité le Grand-Nesle, je vais donc revenir avec vous au Petit? Je vais donc...

Ascanio s'arrêta, voyant que sa joie allait trop loin.

— Je ne crois pas qu'il serait poli, jeune homme, après vous être présenté ainsi devant mademoiselle Colombe qui, à tout prendre, en l'absence de son père, est la maîtresse de la maison, et avoir demandé à me parler à moi seul, je ne crois pas qu'il serait poli, dis-je, de quitter le séjour de Nesle sans lui dire un petit mot d'adieu. Après cela, si la chose ne vous agrée pas, vous êtes libre, comme vous le comprenez bien, de sortir directement par le Grand-Nesle qui a sa sortie.

— Non pas! non pas! s'écria Ascanio. Peste! dame Perrine, je me vante d'être aussi bien élevé que qui que ce soit au monde, et de savoir me conduire courtoisement à l'égard des dames. Seulement, dame Perrine, visitons le séjour en question sans perdre un seul instant, car je suis on ne peut plus pressé.

Et en effet, maintenant qu'Ascanio savait qu'il devait revenir par le Petit-Nesle, il avait toute hâte d'en finir avec le grand. Or, comme de son côté dame Perrine avait toujours une sourde crainte d'être surprise par le prévôt au moment où elle y pensait le moins, elle ne voulut point mettre Ascanio en retard, et, détachant un trousseau de clefs pendu derrière une porte, elle marcha devant lui.

Jetons donc avec Ascanio un regard sur l'hôtel de Nesle, où vont se passer désormais les principales scènes de l'histoire que nous racontons.

L'hôtel, ou plutôt le séjour de Nesle, comme on l'appelait plus communément alors, occupait sur la rive gauche de la Seine, ainsi que nos lecteurs le savent déjà, l'emplacement où s'éleva ensuite l'hôtel de Nevers et où l'on a bâti depuis la Monnaie et l'Institut. Il terminait Paris au nord-ouest, car au-delà de ses murailles on ne voyait plus que le fossé de la ville et les verdoyantes pelouses du Pré-aux-Clercs. C'était Amaury, seigneur de Nesle en Picardie, qui l'avait fait construire vers la fin du huitième siècle. Philippe-le-Bel l'acheta en 1308 et en fit dès lors son château royal. En 1520 la tour de Nesle, de sanglante et luxurieuse mémoire, en avait été séparée pour former le

quai, le pont sur le fossé et la porte de
Nesle, de sorte que la sombre tour était
restée sur la rive du fleuve isolée et morne
comme une pécheresse qui fait pénitence.

Mais le séjour de Nesle était heureusement assez vaste pour que cette suppression n'y parût pas. L'hôtel était grand
comme un village : une haute muraille
percée d'un large porche ogive et d'une
petite porte de service le défendait du côté
du quai. On entrait d'abord dans une vaste
cour tout entourée de murs; cette seconde
muraille quadrangulaire avait une porte à
gauche et une porte au fond. Si l'on entrait,
comme Ascanio venait de le faire, par la
porte à gauche, on trouvait un charmant
petit édifice dans le style gothique du quatorzième siècle : c'était le Petit-Nesle, qui

avait au midi son jardin séparé. Si l'on passait, au contraire, par la porte du fond, on voyait à main droite le Grand-Nesle tout de pierres et flanqué de deux tourelles avec ses toits aigus bordés de balustrades, sa façade anguleuse, ses hautes fenêtres, ses vitres coloriées et ses vingt girouettes criant au vent ; il y avait là de quoi loger trois banquiers d'aujourd'hui.

Puis, si vous alliez toujours en avant, vous vous perdiez dans toutes sortes de jardins et de basses-cours, et vous trouviez dans les jardins un jeu de paume, un jeu de bague, une fonderie, un arsenal; après quoi venaient les basses-cours, les bergeries, les étables et les écuries; il y avait là de quoi loger trois fermiers de nos jours.

Le tout, il faut le dire, était fort négligé, et partant en très-mauvais état, Raimbault et ses deux aides suffisant à peine pour entretenir le jardin du Petit-Nesle, où Colombe cultivait des fleurs et où dame Perrine plantait des choux. Mais le tout était vaste, bien éclairé, solidement bâti, et avec quelque peu de soin et de dépense on en pouvait faire le plus magnifique atelier qui fût au monde.

Puis, la chose eût-elle été infiniment moins convenable, Ascanio n'en eût pas moins été ravi, le principal pour lui étant surtout de se rapprocher de Colombe.

Au reste, la visite fut courte : en un tour de main l'agile jeune homme eut tout vu, tout parcouru, tout apprécié. Ce que voyant, dame Perrine, qui avait essayé vainement de le suivre, lui avait donné tout bonnement le trousseau de clefs, qu'à la fin de son investigation il lui rendit fidèlement.

— Et maintenant, dame Perrine, dit Ascanio, me voici à vos ordres.

— Eh bien! rentrons donc maintenant au Petit-Nesle, jeune homme, puisque vous pensez comme moi que la chose est convenable.

— Comment donc! ce serait de la plus grande impolitesse que d'agir autrement.

— Mais motus avec Colombe sur le sujet de votre visite.

— Oh! mon Dieu, de quoi vais-je lui parler alors? s'écria Ascanio.

— Vous voilà bien embarrassé, beau jouvenceau! Ne m'avez-vous pas dit que vous étiez orfévre?

— Sans doute.

— Eh bien, parlez-lui bijoux; c'est une conversation qui réjouit toujours le cœur de la plus sage. On est fille d'Ève ou on ne l'est pas; et si l'on est fille d'Ève on aime ce qui brille. D'ailleurs elle a si peu de distraction dans sa retraite, pauvre enfant! que c'est une bénédiction de la récréer quelque peu. Il est vrai que la récréation qui conviendrait à son âge serait un bon mariage. Aussi maître Robert ne vient pas une seule fois au logis que je ne lui glisse dans le tuyau de l'oreille : — Mariez-la donc, cette pauvre petite, mariez-la donc.

Et sans s'apercevoir de ce que l'aveu de cette familiarité pouvait laisser planer de conjectures sur sa position chez messire le prévôt, dame Perrine reprit le chemin du Petit-Nesle et rentra suivie d'Ascanio dans le salon où elle avait laissé Colombe.

Colombe était encore pensive et rêveuse et dans la même attitude où nous l'avons laissée. Seulement, vingt fois peut-être sa tête s'était relevée et son regard s'était fixé sur la porte par laquelle était sorti le beau jeune homme, de sorte que quelqu'un qui eût suivi ces regards répétés aurait pu croire qu'elle l'attendait cependant, à peine vit-elle la porte tourner sur ses gonds que Colombe se remit au travail avec tant d'empressement que ni dame Perrine ni Ascanio ne purent se douter que son travail eût été interrompu.

Comment avait-elle deviné que le jeune homme suivait la duègne? c'est ce que le magnétisme aurait pu seul expliquer, si le magnétisme eût été inventé à cette époque.

— Je vous ramène notre donneur d'eau bénite, ma chère Colombe, car c'est lui en personne, et je l'avais bien reconnu. J'allais le reconduire par la porte du Grand-Nesle, lorsqu'il m'a fait observer qu'il n'avait pas pris congé de vous. La chose était vraie, car vous ne vous êtes pas dit un seul pauvre petit mot tout à l'heure. Vous n'êtes pourtant muets ni l'un ni l'autre, Dieu merci.

— Dame Perrine, interrompit Colombe toute troublée.

— Eh bien quoi! il ne faut pas rougir comme cela. M. Ascanio est un honnête jeune homme comme vous êtes une sage demoiselle. D'ailleurs c'est, à ce qu'il paraît, un bon artiste en bijoux, pierres précieuses et affiquets qui sont ordinairement du goût des jolies filles. Il viendra vous en montrer, mon enfant, si cela vous plaît.

— Je n'ai besoin de rien, murmura Colombe.

— A cette heure, c'est possible; mais il faut espérer que vous ne mourrez pas en recluse dans cette maudite retraite. Nous avons seize ans, Colombe, et le jour viendra où vous serez une belle fiancée à la-

quelle on donnera toutes sortes de bijoux;
puis une grande dame à laquelle il faudra
toutes sortes de parures. Eh bien! autant
donner la préférence à celles de ce jeune
homme qu'à celles de quelque autre artiste qui ne le vaudra sûrement pas.

Colombe était au supplice. Ascanio, que
les prévisions de dame Perrine ne réjouis-
saient que médiocrement, s'en aperçut et
vint au secours de la pauvre enfant pour
laquelle une conversation directe était
mille fois moins embarrassante que ce
monologue par interprète.

— Oh! mademoiselle, dit-il, ne me re-
fusez point cette grâce de vous apporter
quelques-uns de mes ouvrages, il me semble maintenant que c'est pour vous que je
les ai faits, et qu'en les faisant je songeais

à vous. — Oh! oui, croyez-le bien, car nous autres artistes en bijoux, nous mêlons parfois à l'or, à l'argent, aux pierres précieuses, nos propres pensées. Dans ces diadèmes qui couronnent vos têtes, dans ces bracelets qui étreignent vos bras, dans ces colliers qui caressent vos épaules, dans ces fleurs, dans ces oiseaux, dans ces anges, dans ces chimères que nous faisons balbutier à vos oreilles, nous mettons parfois de respectueuses adorations.

Et il faut bien le dire en notre qualité d'historien, à ces douces paroles le cœur de Colombe se dilatait, car Ascanio, si long-temps muet, parlait enfin et parlait comme elle rêvait qu'il devait parler; car, sans lever les yeux, la jeune fille sentait le rayon ardent de ses yeux fixés sur elle, et il n'y avait pas jusqu'à l'accent étranger de cette voix qui ne prêtât un charme singulier à ces paroles nouvelles et inconnues pour Colombe, un accent profond et irrésistible à cette langue facile et harmonieuse de l'amour, que les jeunes filles comprennent avant de la parler.

— Je sais bien, continuait Ascanio, les regards toujours fixés sur Colombe, je sais bien que nous n'ajoutons rien à votre beauté : on ne rend pas Dieu plus riche parce qu'on pare son autel ; mais au moins nous entourons votre grâce de tout ce qui est suave et beau comme elle, et lorsque, pauvres et humbles ouvriers d'enchantements et d'éclat, nous vous voyons du fond de notre ombre passer dans votre lumière, nous nous consolons d'être si fort au-dessous de vous en pensant que notre art vous élève encore.

— Oh! monsieur, répondit Colombe toute troublée, vos belles choses me seront probablement toujours étrangères ou du moins inutiles, je vis dans l'isolement et l'obscurité, et, loin que cet isolement et cette obscurité me pèsent, j'avoue que je les aime, j'avoue que je voudrais y demeurer toujours : et cependant j'avoue que je voudrais bien voir vos parures, non pas pour moi, mais pour elles; non pas pour les mettre, mais pour les admirer.

Et tremblante d'en avoir déjà trop dit et peut-être d'en dire plus encore, Colombe en achevant ces mots salua et sortit avec une telle rapidité qu'aux yeux d'un homme plus savant en pareille matière cette sortie eût pu tout bonnement passer pour une fuite.

— Eh bien! à la bonne heure! dit dame

Perrine, la voilà qui se réconcilie un peu
avec la coquetterie. Il est vrai de dire que
vous parlez comme un livre, jeune homme.
Oui, vraiment, il faut croire que dans votre
pays on a des secrets pour charmer les
gens; la preuve, c'est que vous m'avez mise
dans vos intérêts tout de suite, moi qui
vous parle, et d'honneur je souhaite que
messire le prévôt ne vous fasse pas un trop
mauvais parti. Allons, au revoir, jeune
homme, et dites à votre maître de prendre
garde à lui. Prévenez-le que messire d'Estourville est dur en diable et fort puissant
en cour. Ainsi donc, si votre maître voulait m'en croire, il renoncerait à se loger
au Grand-Nesle et surtout à le prendre de
force. Quant à vous, nous vous reverrons,
n'est-ce pas? Mais surtout ne croyez pas
Colombe, elle est du seul bien de défunte
sa mère plus riche qu'il ne faut pour se pas-

ser des fantaisies vingt fois plus coûteuses que celles que vous lui offrez. Puis, écoutez-moi, apportez aussi quelques objets plus simples, elle pensera peut-être à me faire un petit présent. On n'est pas encore, Dieu merci, d'âge à se refuser toute coquetterie. Vous entendez, n'est-ce pas?

Et jugeant qu'il était nécessaire, pour être mieux comprise, d'ajouter le geste aux paroles, dame Perrine appuya sa main sur le bras du jeune homme. Ascanio tressaillit comme un homme qu'on réveille en sursaut. En effet, il lui semblait que tout cela était un rêve. Il ne comprenait pas qu'il fût chez Colombe, et il doutait que cette blanche apparition, dont la voix mélodieuse murmurait encore à son oreille, dont la forme légère venait de glisser devant ses yeux, fût bien réellement celle-là pour un regard de laquelle la veille et le matin encore il eût donné sa vie.

Aussi, plein de son bonheur présent et de son espoir à venir, promit-il à dame Perrine tout ce qu'elle voulut, sans même écouter ce qu'elle lui demandait. Que lui importait! N'était-il pas prêt à donner tout ce qu'il possédait pour revoir Colombe?

Puis, songeant lui-même qu'une plus longue visite serait inconvenante, il prit congé de dame Perrine en lui promettant de revenir le lendemain.

En sortant du Petit-Nesle, Ascanio se trouva presque nez à nez avec deux hommes qui allaient y entrer. A la manière dont l'un de ces deux hommes le regarda, encore plus qu'à son costume, il reconnut que ce devait être le prévôt.

Bientôt ses soupçons furent changés en certitude lorsqu'il vit ces deux hommes frapper à la même porte par laquelle il venait de sortir : il eut alors le regret de n'être point parti plus tôt, car qui pouvait dire si son imprudence n'allait pas retomber sur Colombe ?

Pour ôter tout caractère d'importance à sa visite, en supposant que le prévôt y eût fait attention, Ascanio s'éloigna sans même retourner la tête vers ce petit coin du monde, qui était le seul dont en ce moment il eût voulu être le roi.

En rentrant à l'atelier, il trouva Benvenuto fort préoccupé. — Cet homme qui les avait arrêtés dans la rue était le Primatice, et il accourait, en bon confrère, prévenir Cellini que pendant cette visite qu'était venu lui faire le matin François Ier, l'imprudent artiste avait trouvé moyen de se faire de madame la duchesse d'Étampes une ennemie mortelle.

CHAPITRE VII.

UN FIANCÉ ET UN AMI.

Un des deux hommes qui entraient à l'hôtel de Nesle comme Ascanio en sortait, était bien effectivement messire Robert d'Estourville, prévôt de Paris. Quant à l'autre, nous allons dans un instant savoir qui il était.

Aussi, cinq minutes après le départ d'Ascanio, et comme Colombe, restée debout et l'oreille attentive dans sa chambre, où elle s'était réfugiée, était encore toute songeuse, dame Perrine entra précipitamment, annonçant à la jeune fille que son père était l'attendant dans la chambre à côté.

— Mon père! s'écria Colombe effrayée. Puis elle ajouta tout bas: — Mon Dieu, mon Dieu! l'aurait-il rencontré?

— Oui, votre père, ma chère enfant, reprit dame Perrine, répondant à la seule partie de la phrase qu'elle eût entendue, et avec lui un autre vieux seigneur que je ne connais pas.

— Un autre vieux seigneur! dit Colombe frissonnant d'instinct. Mon Dieu, dame Perrine, qu'est-ce que cela signifie? C'est la première fois depuis deux ou trois ans peut-être que mon père ne vient pas seul.

Cependant, comme malgré la crainte de la jeune fille il lui fallait obéir, attendu qu'elle connaissait le caractère impatient de son père, elle rappela tout son courage et rentra dans la chambre qu'elle venait de quitter, le sourire sur les lèvres, car, malgré cette crainte qu'elle éprouvait pour la première fois et dont elle ne se rendait pas compte, elle aimait messire d'Estouryille d'un amour véritablement filial, et malgré le peu d'expansivité du prévôt vis-à-vis d'elle, les jours où il visitait l'hôtel de Nesle étaient, parmi ses jours tristes et uniformes, marqués comme des jours de fête.

Colombe s'avançait tendant les bras et entr'ouvrant la bouche, mais le prévôt ne lui donna le temps ni de l'embrasser ni de parler. Seulement, la prenant par la main et l'amenant devant l'étranger, qui se tenait appuyé contre la grande cheminée remplie de fleurs :

— Cher ami, lui dit-il, je te présente ma fille. Puis adressant la parole à sa fille: — Colombe, ajouta-t-il, voilà le comte d'Orbec, trésorier du roi et votre futur époux.

Colombe jeta un faible cri, qu'étouffa aussitôt le sentiment des convenances; mais, sentant ses genoux faiblir, elle s'appuya au dossier d'une chaise.

En effet, pour comprendre, surtout

dans la disposition d'esprit où se trouvait Colombe, tout ce qu'avait de terrible cette présentation inattendue, il faudrait savoir ce qu'était le comte d'Orbec.

Certes, messire Robert d'Estourville, le père de Colombe, n'était pas beau; il y avait dans ses épais sourcils, qu'il fronçait au moindre obstacle physique ou moral qu'il rencontrait, un air de dureté, et dans toute sa personne trapue quelque chose de lourd et de gauche qui prévenait médiocrement en sa faveur; mais auprès du comte d'Orbec il semblait saint Michel archange près du dragon. Du moins la tête carrée, les traits fortement accentués du prévôt annonçaient la résolution et la force, tandis que ses petits yeux de lynx, gris et vifs, indiquaient l'intelligence; mais le comte d'Orbec, grêle, sec et maigre, avec ses longs bras d'araignée, sa petite voix de moustique et sa lenteur de limaçon, était non-seulement laid, mais hideux : une laideur à la fois bête et méchante. Sa tête, qu'il tenait courbée et penchée sur l'épaule, avait un sourire vil, un regard traître.

Aussi à l'aspect de cette affreuse créature qu'on lui présentait pour époux, quand son cœur, sa pensée et ses yeux étaient pleins encore du beau jeune homme qui sortait de cette même chambre, Colombe, comme nous l'avons dit, n'avait pu que réprimer son premier cri, mais sa force s'était arrêtée là, et elle était demeurée pâle et glacée, regardant seulement son père avec épouvante.

— Je te demande pardon, cher ami,

continua le prévôt, de l'embarras de Colombe; d'abord c'est une petite sauvage qui n'est pas sortie d'ici depuis deux ans, l'air du temps n'étant pas très-bon, comme tu le sais, pour les jolies filles; puis, à vrai dire, j'ai eu le tort de ne point la prévenir de nos projets, ce qui d'ailleurs était inutile, vu que les choses que j'ai arrêtées n'ont besoin, pour être mises à exécution, de l'approbation de personne; enfin elle ne sait pas qui tu es, et qu'avec ton nom, tes grandes richesses et la faveur de madame d'Etampes, tu es en position d'arriver à tout; mais, en y réfléchissant, elle appréciera l'honneur que tu nous fais en consentant à allier ta vieille illustration à notre jeune noblesse; elle apprendra qu'amis depuis quarante ans...

— Assez, mon cher, assez, de grâce, interrompit le comte; puis s'adressant à Colombe avec cette assurance familière et insolente qui contrastait si bien avec la timidité du pauvre Ascanio : — Allons, allons, remettez-vous, mon enfant, lui dit-il, et rappelez sur vos joues ces jolies couleurs qui vous vont si bien. Eh! mon Dieu! je sais ce que c'est qu'une jeune fille, allez, et même qu'une jeune femme, car j'ai déjà été marié deux fois, ma petite. Voyons, il ne faut pas vous troubler comme cela; je ne vous fais pas peur, j'espère, hein? ajouta fatuitement le comte en se redressant et en passant ses mains sur ses maigres moustaches et sur sa mesquine royale; aussi votre père a eu tort de me donner si brusquement ce titre de mari, qui émeut toujours un peu un jeune cœur lorsqu'il l'entend pour la première fois; mais vous vous y ferez, ma petite, et vous finirez par le prononcer vous-même avec cette jolie bouche que voilà. Eh bien ! eh bien ! vous pâlissez encore... Dieu me pardonne ! je crois qu'elle va s'évanouir.

Et d'Orbec étendit les bras pour soutenir Colombe, mais celle-ci se redressa en faisant un pas en arrière, comme si elle eût craint son toucher à l'égal de celui d'un serpent; et retrouvant la force de prononcer quelques mots :

— Pardon, monsieur, pardon, mon père, dit-elle en balbutiant; pardon, ce n'est rien; mais je croyais, j'espérais...

— Et qu'avez-vous cru, qu'avez-vous espéré? Voyons, dites vite, répondit le prévôt en fixant sur sa fille ses petits yeux vifs et irrités.

— Que vous me permettriez de rester toujours auprès de vous, mon père, reprit Colombe. Depuis la mort de ma pauvre mère, vous n'avez plus que mon affection, que mes soins, et j'avais pensé...

— Taisez-vous, Colombe! répondit impérativement le prévôt. Je ne suis pas encore assez vieux pour avoir besoin d'une garde, et vous, vous êtes d'âge à vous établir.

— Eh bon Dieu! dit d'Orbec, se mêlant de nouveau à la conversation, acceptez-moi sans tant de façons, ma mie. Avec moi, vous serez aussi heureuse qu'on peut l'être, et plus d'une vous enviera, je vous jure. Je suis riche, mort-Dieu! et je prétends que vous me fassiez honneur : vous irez à la cour, et vous irez avec des bijoux à rendre envieuse, je ne dirai pas la reine, mais madame d'Étampes elle-même.

Je ne sais quelles pensées se réveillèrent à ces derniers mots dans le cœur de Colombe, mais la rougeur reparut sur ses joues; et elle trouva moyen de répondre au comte, malgré le regard sévère dont le prévôt la menaçait :

— Je demanderai du moins à mon père, monseigneur, le temps de réfléchir à votre proposition.

— Qu'est-ce que cela? s'écria messire d'Estourville avec violence. Pas une heure, pas une minute. Vous êtes de ce moment la fiancée du comte, entendez-vous bien? et vous seriez sa femme dès ce soir si dans une heure il n'était forcé de partir pour sa comté de Normandie, et vous savez que mes volontés sont des ordres. Réfléchir, sarpejeu! D'Orbec, laissons cette mijaurée. A compter de ce moment elle est à toi, mon ami, et tu la réclameras quand tu voudras. Sur ce, allons visiter votre future demeure.

D'Orbec voulait demeurer pour ajouter encore un mot aux paroles qu'il avait déjà dites, mais le prévôt passa son bras sous le sien et l'entraîna en marronnant; il se contenta donc de saluer Colombe avec son méchant sourire et sortit avec messire Robert.

Derrière eux et par la porte du fond, dame Perrine entra; elle avait entendu le prévôt élevant la voix et elle accourait, devinant qu'il avait fait à sa fille quelques-unes de ses gronderies habituelles. Elle arriva à temps pour recevoir Colombe dans ses bras.

— Oh! mon Dieu! mon Dieu! s'écria la pauvre enfant en portant sa main sur ses yeux comme pour ne plus voir cet odieux d'Orbec, tout absent qu'il était. Oh! mon Dieu! cela devait-il donc finir ainsi! Oh! mes rêves dorés, oh! mes espérances mélancoliques, tout est donc perdu, évanoui, et il ne me reste plus qu'à mourir!

Il ne faut pas demander si une pareille exclamation, jointe à la faiblesse et à la pâleur de Colombe, effraya dame Perrine, et tout en l'effrayant éveilla sa curiosité. Or, comme de son côté Colombe avait besoin de soulager son cœur, elle raconta à sa digne gouvernante, en pleurant les larmes les plus amères qu'elle eût encore versées, ce qui venait de se passer entre son père et le comte d'Orbec et elle. Dame Perrine convint que le fiancé n'était ni jeune ni beau; mais comme, à son avis, le pire malheur qui pouvait arriver à une femme était de rester fille, elle soutint à Colombe que mieux valait, à tout prendre, avoir un mari vieux et laid, mais riche et puissant, que de n'en pas avoir du tout. Or, comme cette théorie révoltait le cœur de Colombe, la jeune fille se retira dans sa chambre, laissant dame Perrine, dont l'imagination était très-vive, bâtir mille plans d'avenir à elle pour le jour où elle s'élèverait de la place de gouvernante de mademoiselle Colombe au grade de dame de compagnie de la comtesse d'Orbec.

Pendant ce temps le prévôt et le comte commençaient à leur tour la visite du Grand-Nesle, que venaient de faire, une heure auparavant, dame Perrine et Ascanio.

Ce serait une étrange chose si les murs, qui, à ce que l'on prétend, ont des oreilles, avaient aussi des yeux et une langue et racontaient à ceux qui entrent ce qu'ils ont vu et entendu de ceux qui sortent.

Mais, comme les murs se taisaient et regardaient le prévôt et le trésorier en riant peut-être à la manière des murs, c'était le susdit trésorier qui parlait.

— Vraiment, disait-il tout en traversant la cour qui menait du Petit au Grand-Nesle, vraiment elle est fort bien, la petite : c'est une femme comme il m'en faut une, mon cher d'Estourville, sage, ignorante et bien élevée. Le premier orage passé, le temps se remettra au beau fixe, croyez-moi. Je m'y connais, toutes les petites filles rêvent un mari jeune, beau, spirituel et riche. Eh! mon Dieu, j'ai au moins la moitié des qualités qu'on exige de moi. Peu d'hommes peuvent en dire autant, c'est donc déjà beaucoup. Puis, passant de sa femme future à sa propriété à venir, et parlant avec le même accent grêle et convoiteur de l'une et de l'autre : — C'est comme ce Vieux-Nesle, continua-t-il, c'est, sur mon honneur, un magnifique séjour, et je t'en fais mon compliment. Nous serons là à merveille, ma femme, moi et toute ma trésorerie. Voilà pour notre habitation personnelle, voilà pour mes bureaux, voilà pour la valetaille ; seulement, tout cela est un peu bien dégradé. Mais avec quelques dépenses que nous trouverons moyen de faire payer à Sa Majesté, nous en tirerons un excellent parti. A propos, d'Estourville, es-tu bien sûr de conserver cette propriété-là? Tu devrais faire régulariser ton titre ; autant que je me le rappelle, le roi ne te l'a pas donnée, après tout.

— Il ne me l'a pas donnée, c'est vrai, reprit en riant le prévôt; mais il me l'a laissé prendre, et c'est à peu près tout comme.

— Oui, mais si quelque autre te jouait le tour de lui faire cette demande en règle?

— Oh! celui-là serait mal reçu, je t'en réponds, à venir faire valoir son titre, et, sûr comme je le suis de l'appui de madame d'Étampes et du tien, je le ferais grandement repentir de ses prétentions. Non, va, je suis tranquille, et l'hôtel de Nesle m'appartient, aussi vrai, cher ami, que ma fille Colombe est à toi. Pars donc tranquille et reviens vite.

Comme le prévôt disait ces paroles, de la véracité desquelles ni lui ni son interlocuteur n'avaient aucun motif de douter, un troisième personnage, conduit par le jardinier Raimbaut, parut sur le seuil de la porte qui donnait de la cour quadrangulaire dans les jardins du Grand-Nesle. C'était le vicomte de Marmagne.

Celui-là était aussi un prétendant de Colombe, mais un prétendant malheureux. C'était un grand bellâtre d'un blond ardent avec des couleurs roses, suffisant, insolent, bavard, plein de prétentions auprès des femmes, auxquelles il servait souvent de manteau pour cacher leurs véritables amours, plein d'orgueil de sa position de secrétaire du roi, laquelle position lui permettait d'approcher de Sa Majesté à la manière dont l'approchaient ses lévriers, ses perroquets et ses singes. Aussi le prévôt ne s'était-il pas trompé à cette faveur apparente et à cette familiarité superficielle dont il jouissait près de Sa Majesté, faveur et familiarité qu'il ne devait, assurait-on, qu'à l'extension peu morale qu'il donnait à sa charge. D'ailleurs le vicomte de Marmagne avait depuis longtemps mangé tout son patrimoine et n'avait pas d'autre fortune que les libéralités de François Ier. Or ces libéralités pouvaient tarir d'un jour à l'autre, et messire Robert d'Estourville n'était pas si fou que de se fier, dans les choses de cette importance, aux caprices d'un roi fort sujet aux caprices. Il avait donc tout doucement repoussé la demande du vicomte de Marmagne, en lui avouant confidentiellement et sous le sceau du secret que la main de sa fille était déjà depuis long-temps engagée à un autre. Grâce à cette confidence, qui motivait le refus du prévôt, le vicomte de Marmagne et sir Robert d'Estourville étaient restés en apparence les meilleurs amis du monde, quoique depuis ce temps le vicomte détestât le prévôt et que de son côté le prévôt se défiât du vicomte, lequel, sous son air affable et souriant, n'avait pu cacher sa rancune à un homme aussi habitué que l'était messire Robert à lire dans l'ombre des cours et dans l'obscurité des cœurs. Chaque fois qu'il voyait paraître le vicomte le prévôt s'attendait donc, sous son air affable et prévenant, à recevoir un porteur de mauvaises nouvelles, lesquelles il avait l'habitude de débiter les larmes aux yeux et avec cette douleur feinte et calculée qui exprime goutte à goutte le poison sur une plaie.

Quant au comte d'Orbec, le vicomte de Marmagne avait à peu près rompu avec lui : c'était même une de ces rares inimitiés de cour visible à l'œil nu. D'Orbec méprisait Marmagne parce que Marmagne n'avait pas de fortune et ne pouvait tenir un rang; Marmagne méprisait d'Orbec parce que d'Orbec était vieux et avait par conséquent perdu le privilége de plaire aux femmes; enfin tous deux se haïssaient parce que, toutes les fois qu'ils s'étaient trouvés sur le même chemin, l'un avait enlevé quelque chose à l'autre.

Aussi, dès qu'ils s'aperçurent, les deux

courtisans se saluèrent avec ce sourire sardonique et froid qu'on ne rencontre que dans les antichambres des palais et qui veut dire : — Ah! si nous n'étions pas deux lâches, comme il y a déjà long-temps que l'un de nous ne vivrait plus !

Néanmoins, comme il est du devoir d'un historien de dire le bien comme le mal, il est juste d'avouer qu'ils s'en tinrent à ce salut et à ce sourire, et que, sans avoir échangé une seule parole avec le vicomte de Marmagne, le comte d'Orbec, reconduit par le prévôt, sortit immédiatement par la même porte qui venait de donner entrée à son ennemi.

Hâtons-nous d'ajouter néanmoins que, malgré la haine qui les séparait, ces deux hommes, le cas échéant, étaient prêts à se réunir momentanément pour nuire à un troisième.

Le comte d'Orbèc sortit, le prévôt se trouva seul avec son ami le vicomte de Marmagne.

Il s'avança vers lui avec un visage gai ; celui-ci l'attendit avec un visage triste.

— Eh bien ! mon cher prévôt, lui dit Marmagne, rompant le premier le silence, vous avez l'air bien joyeux.

— Et vous, mon cher Marmagne, répondit le prévôt, vous avez l'air bien triste.

— C'est que, vous le savez, mon pauvre d'Estourville, les malheurs de mes amis m'affligent tout autant que les miens.

— Oui, oui, je connais votre cœur, dit le prévôt.

— Et quand je vous ai vu si joyeux avec votre futur gendre, le comte d'Orbec, car le mariage de votre fille avec lui n'est plus un secret, et je vous en félicite, mon cher d'Estourville...

— Vous savez que je vous avais dit depuis long-temps que la main de Colombe était promise, mon cher Marmagne.

— Oui, je ne sais vraiment comment vous consentez à vous séparer d'une si charmante enfant.

— Oh! je ne m'en sépare pas, reprit maître Robert: Mon gendre, le comte d'Orbec, fera passer la Seine à toute sa trésorerie et viendra habiter le Grand-Nesle, tandis que moi, dans mes moments perdus, j'habiterai le Petit.

— Pauvre ami! dit Marmagne en secouant la tête d'un air profondément peiné, en appuyant une de ses mains sur le bras du prévôt et en portant l'autre à ses yeux pour essuyer une larme qui n'existait pas.

— Comment, pauvre ami? dit messire Robert. Ah çà! qu'avez-vous donc encore à m'annoncer?

— Suis-je donc le premier à vous annoncer cette fâcheuse nouvelle?

— Laquelle? voyons, parlez.

— Vous le savez, mon cher prévôt, il faut être philosophe en ce monde, et il y a un vieux proverbe que notre pauvre race humaine devrait avoir sans cesse à la bouche, car il renferme à lui seul toute la sagesse des nations.

— Et quel est ce proverbe? Achevez.

— L'homme propose, mon cher ami, l'homme propose, et Dieu dispose.

— Et quelle chose ai-je proposée dont Dieu disposera? voyons, achevez et finissons-en.

— Vous avez destiné l'hôtel du Vieux-Nesle à votre gendre et à votre fille?

— Sans doute, et ils y seront installés, j'espère, avant trois mois.

— Détrompez-vous, mon cher prévôt, détrompez-vous : l'hôtel de Nesle, à cette heure, n'est plus votre propriété. Excusez-moi de vous causer ce chagrin; mais j'ai pensé que mieux valait, avec le caractère un peu vif que je vous connais, que vous apprissiez cette nouvelle de la bouche d'un ami, qui mettra à vous l'apprendre tous les ménagements convenables, que de la tenir de la bouche de quelque malotru qui, enchanté de votre malheur, vous l'aurait jetée brutalement à la face. Hélas! non, mon ami, le Grand-Nesle n'est plus à vous.

— Et qui me l'a donc repris?

— Sa Majesté.

— Sa Majesté!

— Elle même; vous voyez donc bien que le malheur est irréparable.

— Et quand cela?

— Ce matin. Si je n'avais pas été retenu par mon service au Louvre, vous en eussiez été prévenu plus tôt.

— On vous aura trompé, Marmagne, c'est quelque faux bruit que mes ennemis se plaisent à répandre et dont vous vous êtes fait prématurément l'écho.

— Je voudrais pour bien des choses que cela fût ainsi; mais malheureusement on ne m'a pas dit, j'ai entendu.

— Vous avez entendu, quoi?

— J'ai entendu le roi de sa propre bouche donnant le Vieux-Nesle à un autre.

— Et quel est cet autre?

— Un aventurier italien, un certain

orfévre que vous connaissez peut-être de nom, un intrigant qui s'appelle Benvenuto Cellini, qui arrive de Florence depuis deux mois, dont le roi s'est coiffé je ne sais pourquoi, et qu'il a été aujourd'hui visiter avec toute sa cour dans l'hôtel du cardinal de Ferrare, où ce prétendu artiste a établi sa boutique.

— Et vous étiez là, dites-vous, vicomte, quand le roi a fait donation du Grand-Nesle à ce misérable?

— J'y étais, répondit de Marmagne en prononçant ces deux mots lettre à lettre et en les accentuant avec lenteur et volupté.

— Ah! ah! fit le prévôt; eh bien, je l'attends, votre aventurier; qu'il vienne prendre le présent royal.

— Comment, vous auriez l'intention de faire résistance?

— Sans doute.

— A un ordre de roi?

— A un ordre de Dieu, à un ordre du diable, à tous les ordres enfin qui auront la prétention de me faire sortir d'ici.

— Prenez garde, prenez garde, prévôt, reprit le vicomte de Marmagne : outre la colère du roi, à laquelle vous vous exposez, ce Benvenuto Cellini est par lui-même plus à craindre que vous ne pensez.

— Savez-vous qui je suis, vicomte?

— D'abord, il a toute la faveur de Sa

Majesté — pour le moment, c'est vrai — mais il l'a.

— Savez-vous que moi, prévôt de Paris, je représente Sa Majesté au Châtelet, que j'y siége sous un dais, en habit court, en manteau à collet, l'épée au côté, le chapeau orné de plumes sur la tête et tenant à la main un bâton de commandement en velours bleu?

— Ensuite je vous dirai que ce maudit Italien accepte volontiers la lutte de puissance à puissance avec toutes sortes de princes, de cardinaux et de papes.

—Savez-vous que j'ai un sceau particulier qui fait l'authenticité des actes?

— On ajoute que ce damné spadassin

blesse et tue sans scrupule tous ceux qui lui font obstacle.

— Ignorez-vous qu'une garde de vingt-quatre sergents d'armes est jour et nuit à mes ordres?

— On dit qu'il a frappé un orfévre auquel il en voulait au milieu d'un bataillon de soixante hommes.

— Vous oubliez que l'hôtel de Nesle est fortifié, qu'il a créneaux aux murs et machecoulis au-dessus des portes, sans compter le fort de la ville, qui d'un côté le rend imprenable.

— On assure qu'il s'entend aux siéges comme Bayard ou Antonio de Leyra.

— C'est ce que nous verrons.

— J'en ai peur.

— Et moi j'attends.

— Tenez, voulez-vous que je vous donne un conseil, mon cher ami?

— Donnez, pourvu qu'il soit court.

— N'essayez pas de lutter avec plus fort que vous.

— Avec plus fort que moi, un méchant ouvrier d'Italie! Vicomte, vous m'exaspérez.

— C'est que, d'honneur, vous pourriez vous en repentir. Je vous parle à bon escient.

— Vicomte, vous me mettez hors des gonds.

— Songez que cet homme a le roi pour lui.

— Eh bien! moi, j'ai madame d'Étampes.

— Sa Majesté pourra trouver mauvais qu'on résiste à sa volonté.

— Je l'ai fait déjà, monsieur, et avec succès encore.

— Oui, je le sais, dans l'affaire du péage du pont de Mantes. Mais...

— Mais, quoi?

— Mais on ne risque rien, ou du moins pas grand'chose, de résister à un roi qui est faible et bon, tandis qu'on risque tout en entrant en lutte contre un homme fort et terrible comme l'est Benvenuto Cellini.

— Ventre-Mahom! vicomte, vous voulez donc me rendre fou?

— Au contraire; je veux vous rendre sage.

— Assez, vicomte, assez! ah! le manant, je vous le jure, me paiera cher le moment que votre amitié vient de me faire passer.

— Dieu le veuille! prévôt, Dieu le veuille!

— C'est bien, c'est bien! Vous n'avez pas autre chose à me dire?

— Non, non, je ne crois pas, fit le vicomte, comme s'il cherchait quelque nouvelle qui pût faire pendant à la première.

— Eh bien! adieu, alors, s'écria le prévôt.

— Adieu, mon pauvre ami!

— Adieu!

— Je vous aurai averti du moins.

— Adieu!

— Je n'aurai rien à me reprocher, et cela me console.

— Adieu! adieu!

— Bonne chance! Mais je dois vous dire qu'en vous faisant ce souhait, je doute de le voir s'accomplir.

— Adieu! adieu! adieu!

— Adieu!

Et le vicomte de Marmagne, le cœur gonflé de soupirs, le visage bouleversé de douleur, après avoir serré la main du prévôt comme s'il prenait pour toujours congé de lui, s'éloigna en levant les bras au ciel.

Le prévôt le suivit et ferma lui-même derrière lui la porte de la rue.

On comprend que cette conversation amicale avait singulièrement irrité le sang et remué la bile de messire d'Estourville. Aussi cherchait-il sur qui il pourrait faire passer sa mauvaise humeur, lorsque tout à coup il se souvint de ce jeune homme qu'il avait vu sortir du Grand-Nesle au moment où il allait y entrer avec le comte d'Orbec. — Comme Raimbaut était là, il n'eut pas loin à chercher celui qui devait lui donner des renseignements sur cet inconnu, et faisant venir, d'un de ses gestes impératifs qui n'admettent pas de réplique, le jardinier vers lui, il lui demanda ce qu'il savait de ce jeune homme.

Le jardinier répondit que celui dont voulait parler son maître s'étant présenté au nom du roi pour visiter le Grand-Nesle, il n'avait rien cru devoir prendre sur lui et l'avait conduit à dame Perrine, qui l'avait complaisamment mené partout.

Le prévôt s'élança dans le Petit-Nesle afin de demander une explication à la digne duègne; mais malheureusement elle venait de sortir pour faire la provision de la semaine.

Restait Colombe; mais comme le prévôt ne pouvait même supposer qu'elle eût vu le jeune étranger après les défenses exorbitantes qu'il avait faites à dame Perrine à l'endroit des beaux garçons, il ne lui en parla même pas.

Puis, comme ses fonctions le rappelaient au Grand-Châtelet, il partit, ordonnant à Raimbaut, sous peine de le chasser à l'instant même, de ne laisser entrer qui que ce fût et à quelque nom qu'on vînt dans le Grand ni le Petit-Nesle, et surtout le misérable aventurier qui s'y était introduit la veille.

Aussi, lorsque Ascanio se présenta le lendemain avec ses bijoux, comme l'y avait invité dame Perrine, Raimbaut se contenta-t-il d'ouvrir un petit vasistas et de lui dire à travers les barreaux que l'hôtel de Nesle était fermé pour tout le monde et particulièrement pour lui.

Ascanio, comme on le pense bien, se retira désespéré; mais, il faut le dire, il n'accusa pas un instant Colombe de cet étrange accueil : la jeune fille n'avait levé qu'un regard, n'avait laissé tomber qu'une phrase, mais il y avait dans ce regard tant de modeste amour, et dans cette phrase tant d'amoureuse mélodie, que depuis la veille Ascanio avait comme une voix d'ange qui lui chantait dans le cœur.

Il pensa donc avec raison que, comme il avait été vu de maître Robert d'Estourville, c'était le prévôt qui avait donné cette terrible consigne dont il était la victime.

CHAPITRE VIII.

PRÉPARATIFS D'ATTAQUE ET DE DÉFENSE.

A peine Ascanio était-il rentré à l'hôtel et avait-il rendu compte à Benvenuto de la partie de son excursion qui avait rapport à la topographie de l'hôtel de Nesle, que celui-ci, voyant que le séjour lui convenait en tout point, s'était empressé de se rendre chez le premier secrétaire des finances du roi, le seigneur de Neufville, pour lui demander acte de la donation royale : le seigneur de Neufville avait demandé jusqu'au lendemain pour s'assurer de la réalité des prétentions de maître Benvenuto; et quoique celui-ci eût trouvé assez impertinent qu'on ne le crût pas sur parole, il avait compris la légalité de cette demande et il s'y était rendu, mais décidé pour le lendemain à ne pas faire grâce au seigneur de Neufville d'une demi-heure.

Aussi le lendemain se présenta-t-il à la minute : il fut introduit aussitôt, ce qui lui parut de bon augure.

— Eh bien! monseigneur, dit Benvenuto, l'Italien est-il un menteur ou vous a-t-il dit la vérité?

— La vérité tout entière, mon cher ami.

— C'est bien heureux.

— Et le roi m'a ordonné de vous remettre l'acte de donation en bonne forme.

— Il sera le bien reçu.

— Cependant, continua en hésitant le secrétaire des finances....

— Eh bien! qu'y a-t-il encore? Voyons!

— Cependant si vous me permettiez de vous donner un bon conseil.

— Un bon conseil! diable! c'est chose rare, monsieur le secrétaire; donnez, donnez!

— Eh bien, ce serait de chercher pour

votre atelier un autre emplacement que le Grand-Nesle.

— Vraiment, répondit Benvenuto d'un air goguenard, vous croyez que celui-là n'est pas convenable?

— Si fait! et la vérité m'oblige même à dire que vous auriez grand peine à en trouver un meilleur.

— Eh bien, alors, qu'y a-t-il?

— C'est que celui-là appartient à un trop haut personnage pour que vous vous frottiez impunément à lui.

— J'appartiens moi-même au noble roi de France, répondit Cellini, et je ne reculerai jamais tant que j'agirai en son nom.

— Oui, mais dans notre pays, maître Benvenuto, tout seigneur est roi chez lui, et en essayant de chasser le prévôt de la maison qu'il occupe vous courez risque de la vie.

— Tôt ou tard il faut mourir, répondit sentencieusement Cellini.

— Ainsi, vous êtes décidé...

— A tuer le diable avant que le diable ne me tue. Rapportez-vous-en à moi pour cela, seigneur secrétaire. Donc que M. le prévôt se tienne bien, ainsi que tous ceux qui tenteront de s'opposer aux volontés du roi, quand ce sera surtout maître Benvenuto Cellini qui sera chargé de faire exécuter ses volontés.

Sur ce, messire Nicolas de Neufville

avait fait trêve à ses observations philan-
thropiques, puis il avait prétexté toute
sorte de formalités à remplir avant de dé-
livrer l'acte; mais Benvenuto s'était assis
tranquillement, déclarant qu'il ne quitte-
rait pas la place que l'acte ne lui fût déli-
vré, et que, s'il fallait coucher là, il était
décidé et y coucherait, ayant prévu le cas,
et ayant eu le soin de prévenir chez lui
qu'il ne rentrerait peut-être pas.

Ce que voyant messire Nicolas de Neufville, il en avait pris son parti, au risque
de ce qui pourrait en arriver, et avait dé-
livré à Benvenuto Cellini l'acte de donation, en prévenant toutefois messire Robert
d'Estourville de ce qu'il venait d'être forcé
de faire, moitié par la volonté du roi,
moitié par la persistance de l'orfévre.

Quant à Benvenuto Cellini, il était rentré chez lui sans rien dire à personne de ce qu'il venait de faire, avait enfermé sa donation dans l'armoire où il enfermait ses pierres précieuses et s'était remis tranquillement à l'ouvrage.

Cette nouvelle, transmise au prévôt par le secrétaire des finances, prouvait à messire Robert que Benvenuto, comme le lui avait dit le vicomte de Marmagne, tenait à son projet de s'emparer de gré ou de force de l'hôtel de Nesle. Le prévôt se mit donc sur ses gardes, fit venir ses vingt-quatre sergents d'armes, plaça des sentinelles sur les murailles et n'alla plus au Châtelet que lorsqu'il y était absolument forcé par les devoirs de sa charge.

Les jours se passèrent cependant, et

Gellini, tranquillement occupé de ses travaux commencés, ne risquait point la moindre attaque. Mais le prévôt était convaincu que cette tranquillité apparente n'était qu'une ruse et que son ennemi voulait lasser sa surveillance pour le prendre à l'improviste; aussi messire Robert, l'œil toujours au guet, l'oreille toujours aux écoutes, l'esprit toujours tendu, ne sortant pas de ses idées belliqueuses, gagnait à cet état, qui n'était ni la paix ni la guerre, je ne sais quelle fièvre d'attente, quel vertige d'anxiété qui menaçait, si la situation se prolongeait, de le rendre fou comme le gouverneur du château Saint-Ange; il ne mangeait plus, ne dormait guère et maigrissait à vue d'œil.

De temps en temps il tirait tout à coup son épée et se mettait à espadonner contre un mur en criant :

— Mais qu'il vienne donc! qu'il vienne donc, le scélérat! qu'il vienne, je l'attends !

Benvenuto ne venait pas.

Aussi messire Robert d'Estourville avait des moments de calme pendant lesquels il se persuadait à lui-même que l'orfévre avait eu la langue plus longue que l'épée, et qu'il n'oserait jamais exécuter ses damnables projets. Ce fut dans un de ces moments que Colombe, étant sortie par hasard de sa chambre, vit tous ces préparatifs de guerre et demanda a son père de quoi il s'agissait.

— Un drôle à châtier, voilà tout, avait répondu le prévôt.

Or, comme c'était l'état du prévôt de

châtier, Colombe n'avait pas même demandé quel était le drôle dont on préparait le châtiment, trop préoccupée qu'elle était elle-même pour ne pas se contenter de cette simple explication.

En effet, d'un mot messire Robert avait fait un terrible changement dans la vie de sa fille : cette vie si douce, si simple, si obscure et si retirée jusqu'alors, cette vie aux jours si calmes et aux nuits si tranquilles, ressemblait à un pauvre lac tout bouleversé par un ouragan. Parfois jusqu'alors, elle avait vaguement senti que son âme était endormie et que son cœur était vide, mais elle pensait que cette tristesse lui venait de son isolement, mais elle attribuait cette viduité à ce que tout enfant elle avait perdu sa mère; et voilà que tout à coup, dans son existence, dans sa pensée, voilà que dans son cœur et dans son âme tout se trouvait rempli, mais par la douleur.

Oh! combien elle regrettait alors ce temps d'ignorance et de tranquillité pendant lequel la vulgaire mais vigilante amitié de dame Perrine suffisait presque à son bonheur, ce temps d'espérance et de foi où elle comptait sur l'avenir comme on compte sur un ami, ce temps de confiance filiale enfin où elle croyait à l'affection de son père. Hélas! cet avenir maintenant, c'était l'odieux amour du comte d'Orbec; la tendresse de son père, c'était de l'ambition déguisée en tendresse paternelle. Pourquoi, au lieu de se trouver l'unique héritière d'un noble nom et d'une grande fortune, n'était-elle pas née la fille de quelque obscur bourgeois de la Cité, qui l'aurait bien soignée et bien chérie? elle eût pu alors rencontrer ce jeune artiste qui parlait avec tant d'émotion et tant de charme, ce bel Ascanio, qui semblait avoir tant de bonheur, tant d'amour à donner.

Mais quand les battements de son cœur, quand la rougeur de ses joues avertissaient Colombe que l'image de l'étranger occupait depuis trop long-temps sa pensée, elle se condamnait à chasser ce doux rêve et elle y réussissait en se mettant devant les yeux la désolante réalité : elle avait au reste, depuis que son père s'était ouvert de ses projets de mariage avec elle, expressément défendu à dame Perrine de recevoir Ascanio, sous quelque prétexte que ce fût, la menaçant de tout dire à son père si elle désobéissait, et comme la gou-

vernante avait jugé à propos, de peur
d'être accusée de complicité avec lui, de
taire les projets hostiles du maître d'Ascanio, la pauvre Colombe se croyait bien dé-
fendue de ce côté-là.

Et que l'on n'aille pas croire cependant
que la douce enfant que nous avons vue
fût résignée à obéir en victime aux ordres
de son père. Non; tout son être se révoltait à l'idée de son alliance avec cet homme,
pour lequel elle aurait eu de la haine si
elle eût su ce que c'était que ce sentiment.
Aussi roulait-elle sous son beau front pâle
mille pensées étrangères jusqu'alors à son
esprit, pensées de révolte et de rébellion
qu'elle regardait presque aussitôt comme
des crimes et dont elle demandait à genoux pardon à Dieu. Alors elle pensait à
aller se jeter aux genoux de François Ier;

mais elle avait entendu raconter tout bas que dans une circonstance bien autrement terrible la même idée était venue à Diane de Poitiers, et qu'elle y avait laissé l'honneur. Madame d'Étampes pouvait aussi la protéger, la sauver si elle voulait; mais le voudrait-elle? n'accueillerait-elle pas par un sourire les plaintes d'une enfant? Ce sourire de dédain et de raillerie elle l'avait déjà vu sur les lèvres de son père quand elle l'avait supplié de la garder près de lui, et ce sourire lui avait fait un mal affreux.

Colombe n'avait donc plus que Dieu pour refuge, aussi se mettait-elle à son prie-Dieu cent fois par jour, conjurant le maître de toutes choses d'envoyer du secours à sa faiblesse avant la fin des trois mois qui la séparaient encore de son redoutable fiancé; ou, si tout secours humain était impossible, de lui permettre au moins d'aller rejoindre sa mère.

Quant à Ascanio, son existence n'était pas moins troublée que l'existence de celle qu'il aimait. Vingt fois depuis le moment où Raimbaut lui avait signifié l'ordre qui lui interdisait l'entrée de l'hôtel de Nesle, le matin avant que personne ne fût levé, le soir quand tout le monde dormait, il allait rêver autour de ces hautes murailles qui le séparaient de sa vie. Mais pas une seule fois, soit ostensiblement, soit furtivement, il n'avait essayé de pénétrer dans ce jardin défendu. Il y avait encore en lui ce respect virginal des premières années qui défend la femme qu'on aime contre l'amour même qu'elle aurait plus tard à redouter.

Mais cela n'empêchait pas Ascanio, tout en ciselant son or, tout en encadrant ses perles, tout en enchâssant ses diamants, de faire bien des rêves insensés, sans compter ceux qu'il faisait, dans ses promenades du matin et du soir, ou dans le sommeil agité de ses nuits. Or, ces rêves se portaient surtout sur le jour tant redouté d'abord et tant désiré maintenant par lui, où Benvenuto devait se rendre maître de l'hôtel de Nesle, car Ascanio connaissait son maître, et toute cette apparente tranquillité était celle du volcan qui couve une éruption. Cette éruption, Cellini avait annoncé qu'elle aurait lieu le dimanche suivant; Ascanio ne faisait donc aucun doute que le dimanche suivant Cellini n'eût accompli son projet.

Mais ce projet, autant qu'il en avait pu juger dans ses courses autour du séjour de Nesle, ne s'accomplirait pas sans obstacle, grâce à la garde continuelle qui se faisait sur ses murailles. Ascanio avait remarqué dans l'hôtel de Nesle tous les signes d'une place de guerre. S'il y avait attaque, il y aurait donc défense; et comme la forteresse ne paraissait pas disposée à capituler, il était évident qu'on la prendrait d'assaut.

Or c'était dans cet instant suprême que la chevalerie d'Ascanio devait trouver quelque occasion de se développer. Il y aurait combat, il y aurait brèche, il y aurait peut-être incendie. Or, c'était quelque chose de pareil qu'il lui fallait! un incendie surtout! un incendie qui mettrait les jours de Colombe en danger. Alors il se lançait à travers les escaliers tremblants, à travers les poutres brûlantes, à travers les murs enflammés : il entendait sa voix appelant du secours; il arrivait jusqu'à elle, l'enlevait mourante et presque évanouie dans ses bras, l'emportait à travers des abîmes de flammes, la pressant contre lui, sentant battre son cœur contre son cœur, respirant son haleine. Puis, à travers mille dangers, mille périls, il la déposait aux pieds de son père éperdu, qui alors en faisait la récompense de son courage, et la donnait à celui qui l'avait sauvée. Ou bien, en fuyant sous quelque pont tremblant jeté au-dessus du feu, le pied lui glissait, et tous deux tombaient ensemble et mouraient embrassés, confondant leurs cœurs dans leur suprême soupir, dans un premier et dernier baiser. Et ce pis-aller n'était point encore à dédaigner pour un homme qui n'avait pas plus d'espoir qu'Ascanio; car, après la félicité de vivre l'un pour l'autre, le plus grand bonheur est de mourir ensemble.

Tous nos héros passaient donc, comme on le voit, des jours et des nuits fort agités, à l'exception de Benvenuto Cellini, qui paraissait avoir complétement oublié ses projets hostiles sur l'hôtel de Nesle, et de Scozzone, qui les ignorat.

Cependant toute la semaine s'étant écoulée dans les différentes émotions que nous avons dites, et Benvenuto Cellini ayant consciencieusement travaillé pendant les sept jours qui la composent et presque achevé le modèle en terre de son Jupiter, passa le samedi vers les cinq heures du soir sa cotte de mailles, boutonna son pourpoint par-dessus, et ayant dit à Ascanio de l'accompagner, s'achemina vers l'hôtel de Nesle. Arrivé au pied des murailles, Cellini fit le tour de la place, examinant les côtés faibles et ruminant un plan de siége.

L'attaque devait offrir plus d'une difficulté, ainsi que l'avait dit le prévôt à son ami de Marmagne, ainsi que l'avait attesté Ascanio à son maître, ainsi enfin que Benvenuto pouvait le voir par lui-même. Le château de Nesle avait créneaux et machicoulis, double mur du côté de la grève, et de plus les fossés et les remparts de la ville du côté du Pré-aux-Clercs; c'était bien une de ces solides et imposantes maisons féodales qui pouvaient parfaitement se défendre par leur seule masse, pourvu que les portes en fussent solidement fermées,

et repousser sans secours du dehors les ti-
relaines et les larronneurs, comme on les
appelait à cette époque, et de plus, au besoin, les gens du roi. Au reste il en était
ainsi dans cette amusante époque, où l'on
était le plus souvent forcé de se servir à
soi-même de police et de guet.

Sa reconnaissance achevée, selon toutes
les règles de la stratégie antique et mo-
derne, pensant qu'il fallait sommer la place
de se rendre avant de mettre le siége devant elle, il alla frapper à la petite porte
de l'hôtel par laquelle déjà une fois Ascanio était entré. Pour lui comme pour
Ascanio le vasistas s'ouvrit; mais cette fois,
au lieu du pacifique jardinier, ce fut un
belliqueux hoqueton qui se présenta.

— Que voulez-vous? demanda le hoqueton à l'étranger qui venait de frapper à la porte de l'hôtel de Nesle.

— Prendre possession de l'hôtel, dont la propriété est concédée à moi, Benvenuto Cellini, répondit l'orfévre.

— C'est bon, attendez, répondit l'honnête sergent, et il s'empressa, selon l'ordre qu'il en avait reçu, d'aller avertir messire d'Estourville.

Au bout d'un moment il revint, accompagné du prévôt, qui, sans se montrer, retenant son haleine, se tint aux écoutes dans un coin, environné d'une partie de sa garnison, afin de mieux juger de la gravité du cas.

— Nous ne savons pas ce que vous voulez dire, répondit le hoqueton.

— Alors, dit Benvenuto Cellini, remettez ce parchemin à messire le prévôt : c'est la copie certifiée de l'acte de donation.

Et il passa le parchemin par le vasistas.

Le sergent disparut une seconde fois; mais comme cette fois il n'avait que la main à étendre pour remettre la copie au prévôt, le vasistas se rouvrit presque aussitôt.

— Voici la réponse! dit le sergent en faisant passer à travers la grille le parchemin en morceaux.

— C'est bon, reprit Cellini avec le plus grand calme. Au revoir.

Et enchanté de l'attention avec laquelle Ascanio avait suivi son examen de la place et des observations judicieuses qu'avait émises le jeune homme sur le futur coup de main qu'on allait tenter, il rentra à l'atelier, affirmant à son élève qu'il eût fait un grand capitaine s'il n'eût été destiné à devenir encore un plus grand artiste, ce qui aux yeux de Cellini valait infiniment mieux.

Le lendemain le soleil se leva magnifique sur l'horizon : Benvenuto avait dès la veille prié les ouvriers de se rendre à l'atelier, bien que ce fût un dimanche, et aucun d'eux ne manqua à l'appel.

— Mes enfants, leur dit le maître, je vous ai engagés pour travailler en orfévrerie et non pour combattre, cela est certain; mais, depuis deux mois que nous sommes ensemble, nous nous connaissons déjà assez les uns les autres pour que, dans une grave nécessité, j'aie pu compter sur vous, comme vous pouvez tous et toujours compter sur moi. Vous savez ce dont il s'agit : nous sommes mal à l'aise ici, sans air et sans espace, et nous n'avons pas nos coudées franches pour entreprendre de grands ouvrages ou même pour forger un peu vaillamment. Le roi, vous en avez été tous témoins, a bien voulu me donner un logement plus vaste et plus commode; mais, vu que le temps lui manque pour s'occuper de ces menus détails, il m'a laissé le soin de m'y établir moi-même. Or, on ne veut pas me l'abandonner, ce logement si généreusement accordé par le roi; il faut donc le prendre. Le prévôt de Paris, qui le retient contre l'ordre de Sa Majesté (il paraît que cela se fait dans ce pays-ci), ne sait pas à quel homme il a affaire : du moment où l'on me refuse, j'exige; du moment où l'on me résiste, j'arrache. Êtes-vous dans l'intention de m'aider? Je ne vous cache point qu'il y aura péril à le faire : c'est une bataille à livrer, c'est une escalade à entreprendre et autres plaisirs peu innocents. Il n'y a rien à craindre de la police ni du guet, nous avons l'autorisation de Sa Majesté; mais il peut y avoir mort d'hommes, mes enfants. Ainsi, que ceux qui veulent tourner ailleurs ne fassent pas de façons, que ceux qui veulent rester à la maison ne se gênent pas; je ne réclame que des cœurs résolus. Si vous me laissez seul avec Pagolo et Ascanio, ne vous inquiétez pas de la chose. Je ne sais pas comment je ferai; mais ce que je sais, c'est que je n'en aurai pas le démenti pour cela. Mais, sang du Christ! si vous me prêtez vos cœurs et vos bras comme je l'espère, gare au prévôt et à la prévôté! Et maintenant que vous êtes édifiés à fond sur la chose, voyons, parlez, voulez-vous me suivre?

Il n'y eut qu'un cri.

— Partout, maître, partout où vous nous mènerez!

— Bravo, mes enfants! alors vous êtes tous de la plaisanterie?

— Tous!

— En ce cas, rage et tempête! nous allons nous divertir, cria Benvenuto qui se retrouvait enfin dans son élément; il y a assez long-temps que je me rouille. Dehors, dehors, les courages et les épées! Ah! Dieu merci! nous allons donc donner et recevoir quelques bonnes estocades! Voyons, mes chers enfants, voyons, mes braves amis, il faut s'armer, il faut convenir d'un plan, il faut préparer nos coups; qu'on s'apprête à bien s'escrimer, et vive la joie! Je vais vous donner tout ce que je possède d'armes offensives et défensives, outre celles qui sont pendues à la muraille et où chacun peut choisir à volonté. Ah! c'est une bonne coulevrine qu'il nous faudrait, mais bah! voilà sa monnaie en arquebuses, en hacquebuttes et piques, en épées et poignards, et puis des cottes de mailles, des casques et des cuirasses. Allons! en hâte, en hâte, habillons-nous pour le bal; c'est le prévôt qui paiera les flûtes.

— Hourrah! crièrent tous les compagnons.

Alors ce fut dans l'atelier un mouvement, un tumulte, un remue-ménage admirable à voir : la verve et l'entrain du maître animaient tous les cœurs et tous les visages. On essayait des cuirasses, on brandissait des épées, on tirait des poignards, on riait, on chantait, à croire qu'il s'agissait d'une mascarade ou d'une fête. Benvenuto allait, venait, courait, enseignant une botte à l'un, bouclant le ceinturon de l'autre, et sentant son sang courir libre et chaud dans ses veines comme s'il avait retrouvé sa véritable vie.

Quant aux ouvriers, c'étaient entre eux des plaisanteries à n'en plus finir qu'ils se jetaient sur leurs mines guerrières et leurs maladresses bourgeoises.

— Eh! maître, regardez donc, criait l'un; regardez donc Simon-le-Gaucher qui met son épée du même côté que nous. A droite, donc; à droite!

— Et Jehan, répondait Simon, qui tient sa hallebarde comme il tiendra sa crosse quand il sera évêque.

— Et Pagolo, disait Jehan, qui met double cotte de mailles.

— Pourquoi pas? répondait Pagolo, Hermann l'Allemand s'habille bien comme un chevalier du temps de l'empereur Barberousse.

Et en effet, celui qu'on venait de désigner sous l'appellation d'Hermann l'Allemand, épithète qui formait quelque peu pléonasme, puisque le nom seul, par sa consonnance germanique, indiquait que celui qui le portait appartenait à quelques-uns des cercles du Saint-Empire, Hermann, disons-nous, s'était couvert de fer des pieds à la tête, et semblait une de ces gigantesques statues comme les statuaires de cette belle époque d'art en couchaient sur les tombeaux. Aussi Benvenuto, malgré la force, devenue proverbiale dans l'atelier, de ce brave compagnon d'outre Rhin, lui fit-il observer que peut-être éprouverait-il, enfermé comme il l'était dans une pareille carapace, quelque difficulté à se mouvoir, et que sa force, au lieu d'y gagner, y perdrait certainement. Mais, pour toute réponse, Hermann sauta sur un établi aussi légèrement que s'il eût été habillé de velours, et décrochant un énorme marteau, il le fit tournoyer au-dessus de sa tête, et frappa sur l'enclume trois si terribles coups, qu'à chacun de ces coups l'enclume s'enfonça d'un pouce dans la terre. Il n'y avait rien à répondre à une pareille réponse, aussi Benvenuto fit-il de la tête et de la main un salut respectueux en signe qu'il était satisfait.

Seul, Ascanio avait fait sa toilette de guerre en silence et à l'écart; il ne laissait pas d'avoir quelque inquiétude sur les suites de l'équipée qu'il entreprenait; car enfin Colombe pourrait bien ne pas lui pardonner d'avoir attaqué son père; surtout si la lutte amenait quelque grave catastrophe; et, plus près de ses yeux, peut-être allait-il se trouver plus loin de son cœur.

Quant à Scozzone, moitié joyeuse, moitié inquiète, elle pleurait d'un côté et riait de l'autre; le changement et la bataille, cela lui allait, mais les coups et les blessures ne lui allaient pas; les apprêts du combat faisaient sauter de joie le lutin, les suites du combat faisaient trembler la femme.

Benvenuto la vit enfin ainsi, souriante et pleurante à la fois. Il alla à elle.

— Toi, Scozzone, lui dit-il, tu vas rester à la maison avec Ruperta et préparer de la charpie pour les blessés et un bon dîner pour ceux qui se porteront bien.

— Non pas, vraiment! s'écria Scozzone; oh! je vous suis, moi! Avec vous je suis brave à défier le prévôt et toute la prévotaille; mais ici, seule avec Ruperta, je mourrais d'inquiétude et de peur.

— Oh! pour cela, je n'y consentirai jamais, répondit Benvenuto; cela me troublerait trop de penser qu'il peut t'arriver quelque malheur. Tu prieras Dieu pour nous, chère petite, en nous attendant.

— Écoutez, Benvenuto, reprit la jeune fille comme illuminée d'une idée subite, vous comprenez bien que je ne puis supporter l'idée de rester tranquille ici, tandis que vous serez là-bas blessé, mourant peut-être. Mais il y a un moyen de tout concilier : au lieu de prier Dieu dans l'atelier, j'irai le prier dans l'église la plus proche du lieu du combat. De cette façon, le danger ne pourra m'atteindre, et je serai tout de suite avertie de la victoire comme du revers.

— Allons, soit, répondit Benvenuto ; au reste, il est entendu que nous n'irons pas tuer les autres ou nous faire tuer nous-mêmes, sans au préalable aller entendre dévotement une messe. Eh bien !

c'est dit, nous entrerons dans l'église des Grands-Augustins, qui est la plus proche de l'hôtel de Nesle, et nous t'y laisserons, petite.

Ces arrangements pris et les préparatifs terminés, on but un coup de vin de Bourgogne. On ajouta aux armes offensives et défensives des marteaux, des pinces, des échelles et des cordes, et l'on se mit en marche, non pas en corps d'armée, mais deux à deux, et à d'assez longues distances pour ne pas attirer l'attention.

Ce n'est pas qu'un coup de main fût chose plus rare dans ces temps-là que ne l'est de nos jours une émeute ou un changement de ministère ; mais à vrai dire on ne choisissait pas d'ordinaire le saint jour du dimanche, ni l'heure de midi, pour se livrer à ces sortes de récréations, et il fallait toute l'audace de Benvenuto Cellini, soutenue d'ailleurs par le sentiment de son bon droit, pour risquer une tentative pareille.

Donc les uns après les autres nos héros arrivèrent à l'église des Grands-Augustins, et après avoir déposé leurs armes et leurs outils chez le sacristain, qui était un ami de Simon-le-Gaucher, ils allèrent pieusement assister au saint sacrifice de la messe et demander à Dieu la grâce d'exterminer le plus de hoquetons possible.

Cependant nous devons dire que, malgré la gravité de la situation, malgré sa dévotion insigne, et malgré l'importance des prières qu'il avait à adresser au Seigneur, Benvenuto, à peine entré dans l'église, donna des marques d'une singulière distraction : c'est qu'un peu derrière lui, mais du côté de la nef opposée, une jeune fille d'un si visage adorable lisait dans un missel enluminé, qu'elle eût vraiment dérangé l'attention d'un saint, et à plus forte raison celle d'un sculpteur. L'artiste dans cette circonstance gênait étrangement le chrétien. Aussi le bon Cellini ne put se tenir de faire partager son admiration; et comme Catherine, qui était à sa gauche, eût sans doute montré trop de sévérité pour les distractions de maître Benvenuto, il se retourna vers Ascanio, qui était à sa droite, avec l'intention de lui faire tourner les yeux vers cette admirable tête de vierge.

Mais les yeux d'Ascanio n'avaient plus rien à faire sur ce point; du moment où le jeune homme était entré à l'église, ses regards s'étaient fixés sur la jeune fille et ne s'en étaient plus détournés.

Benvenuto, qui le voyait absorbé dans la même contemplation que lui, se contenta donc de le pousser du coude.

— Oui, dit Ascanio, oui, c'est Colombe; n'est-ce pas, maître, comme elle est belle!

C'était Colombe, en effet, à qui son père, ne redoutant point une attaque en plein midi, avait permis, non sans quelque difficulté néanmoins, d'aller prier Dieu aux Augustins. Il est vrai que Colombe avait fort insisté, car c'était la seule consolation qui lui restât. Dame Perrine était à ses côtés.

— Ah çà! qu'est-ce que Colombe? demanda tout naturellement Benvenuto.

— Oh! c'est vrai, vous ne la connaissez pas, vous. Colombe, c'est la fille du prévôt, de messire Robert d'Estourville lui-même. N'est-ce pas qu'elle est belle? dit-il une seconde fois.

— Non, reprit Benvenuto, non, ce n'est pas Colombe. Vois-tu, Ascanio, c'est Hébé, la déesse de la jeunesse; l'Hébé que mon grand roi François Ier m'a commandée, l'Hébé que je rêve, que je demandais à Dieu et qui est descendue ici-bas à ma prière.

Et sans s'apercevoir du mélange bizarre qu'offrait l'idée d'Hébé lisant sa messe et élevant son cœur à Jésus, Benvenuto continua son hymne à la beauté en même temps que sa prière à Dieu et ses plans militaires : l'orfévre, le catholique et le stratégiste reprenaient tour à tour le dessus dans son esprit.

— Notre Père qui êtes aux cieux. — Mais regarde donc, Ascanio, quelle coupe de figure fine et suave! — Que votre nom soit sanctifié, que votre règne arrive en la terre comme au ciel. — Comme cette ligne onduleuse du corps est d'un ravissant contour! — Donnez-nous notre pain quotidien. — Et tu dis qu'une si charmante enfant est la fille de ce gredin de prévôt que je me réserve pour l'exterminer de ma main? — Et pardonnez-nous nos offenses comme nous les pardonnons à ceux qui nous ont offensé. — Dussé-je brûler l'hôtel pour en arriver là. — Ainsi soit-il.

Et Benvenuto fit le signe de la croix, ne doutant pas qu'il ne vînt d'achever une excellente Oraison dominicale.

La messe se termina au milieu de ces diverses préoccupations, qui pouvaient paraître un peu bien profanes chez un homme d'un autre caractère et d'un autre temps, mais qui étaient toutes naturelles dans une organisation aussi primesautière que l'était celle de Cellini, et dans une époque où Clément Marot mettait en vers galants les sept psaumes de la Pénitence.

L'*Ite missa est* est prononcé, Benvenuto et Catherine se serrèrent la main ; puis, tandis que la jeune fille en essuyant une larme restait à la place où elle devait attendre l'issue du combat, Cellini et Ascanio, les regards fixés sur Colombe, qui n'avait pas levé les yeux de dessus son livre, allèrent, suivis de leurs compagnons, prendre une goutte d'eau bénite; après quoi on se sépara pour se rejoindre dans un cul-de-sac désert situé à moitié chemin à peu près de l'église à l'hôtel de Nesle.

Quant à Catherine, selon les conventions arrêtées, elle resta à la grand'messe, comme aussi firent Colombe et dame Perrine, qui étaient simplement arrivées avant l'heure, et n'avaient écouté ce premier office que comme une préparation à la messe solennelle; ces deux dernières ne se doutaient guère, d'ailleurs, que Benvenuto et ses apprentis fussent sur le point de leur fermer toute communication avec la maison qu'elles avaient imprudemment quittée.

FIN DU PREMIER VOLUME.

TABLE DES CHAPITRES.

Chap. Ier. La rue et l'atelier.   1
    II. Un orfévre au seizième siècle . . 45
    III. Dédale. 77
    IV. Scozzone 133
    V. Génie et royauté. 161
    VI. A quoi servent les duègnes . . . 197
    VII. Un fiancé et un ami. 247
    VIII. Préparatifs d'attaque et de défense. 287

www.ingramcontent.com/pod-product-compliance
Lightning Source LLC
Chambersburg PA
CBHW060507170426
43199CB00011B/1363